KB211869

153교회

153 교회

오규훈 지음

1판 1쇄 인쇄 2013. 12. 16. | **1판 1쇄 발행** 2013. 12. 27. | **발행처** 포이에마 | **발행인** 김도완 | **등록번호** 제 300-2006-190호 | **등록일자** 2006. 10. 16. | 서울특별시 종로구 가회동 17 우편번호110-260 | 마케팅 부 02)3668-3246, 편집부 02)730-8648, 팩시밀리 02)745-4827

값은 뒤표지에 있습니다. ISBN 978-89-97760-66-4 03230 | 독자의견 전화 02)730-8648 이 메일 masterpiece@poiema.co.kr | 좋은 독자가 좋은 책을 만듭니다. | 포이에마는 독자 여러분 의 의견에 항상 귀를 기울이고 있습니다.

이 도서의 국립중앙도서관 출판시도서목록(CIP)은 서지정보유통지원시스템 홈페이지(http://seoji.nl.go.kr)와 국가자료공동목록시스템(http://www.nl.go.kr/kolisnet)에서 이용하실 수 있습니다. (CIP제어번호: CIP2013026561)

MINISTRY
LIBRARY
목 회
라이브러리

공동체의 정체성을 잃지 않는
이상적인 교회

153
교회

오규훈

포이에마
POIEMA

이 책을
지난 시간 동안 한국 교회의
부흥과 성장을 이끌어온
존경하는 선배 목회자들과
하나님을 사랑하고
하나님나라를 위해 헌신해온
한국 교회 모든 성도에게 바친다.

차례

153 ⨯

대안을 찾는
목회자들을 위한
길잡이

1970년대에는 교회성장론이 많은 교회 지도자에게 충격과 신선한 도전으로 다가왔다. 가속화되는 세속화의 물결 속에서 전통적인 교회와 종교의 역할은 축소된다는, 이른바 세속화 이론이 대세인 시대였다. 설상가상으로 신학계에서는 근본주의와 자유주의 간의 논쟁이 너무 치열하여 교계를 양분시키고 있었다. 세속화의 도전 앞에 교회의 정체와 쇠락을 당연하게 받아들이는 분위기와 교회 성장에는 아무런 도움이 되지 않는 신학계의 논쟁에 실망한 목회자들에게 교회성장론은 신선한 충격이었다. 교회는 선교에 대한 열정과 헌신, 신학뿐만 아니라 인류학과 경영학적 방법론을 총동원하여 선교 활동에 전념하였던 이들의 경험과 이론에 힘입어 교회 부흥을 모색했다. 교회성장론을 등에 업은 대형 교회의 등장은 교회 부흥과 성장을 거의 포기하다시피 했던 전통적인 교회들에 새로운 자극과 도전이 되었다.

교회성장론은 1980년대에 이르러서 창업자 정신을 갖춘 지도자들에 의하여 더욱 새로운 방향으로 전개되었다. 마케팅 이론과 그 효과에 주목한 지도자들은 우리가 일종의 종교 시장에 몸담고 있고, 선택권은 종교적 고객들에게 있다고 생각했다. 이러한 조류는 TV를 중심으로 한 이른바 미디어 목회의 등장으로 새로운 전기를 맞았다. 교회들은 복음의 메시지를 그대로 보존하면서도 목회 전략은 기업들에서 빌려 왔다. 이들의 핵심 논지는 기독교의 메시지를 팔 시장이 존재한다는 것이다. 이들은 마케팅 기법과 다양한 오락의 형식을 활용하여 그 시장을 향해 나아갔다.

그러나 이러한 유형의 교회론과 목회 전략은 극소수 승리자와 대다수 패배자를 양산한다는 점에서 치명적이다. 형식이 내용을 수정한다는 점도 문제였다. 최대한 경제적 효율을 추구하는 전략은 교회가 지켜야 할 진지함을 해치는 요인이 되어, 결국 고전적인 교회들을 부적절한 교회로 간주하는 경향을 불러왔다. 마케팅 전략을 등에 업고 성장한 대형 교회의 문제점은 기독교 신앙의 의미 자체가 신세대에게 변형되어 나타날 수 있다는 데 있다. 교회를 운영하는 주요 수단이 마케팅이라는 점 또한 문제다. 내용은 그대로 두고 형식만 바꾸는 것이 본래 의도라고 주장하지만, 실제로 형식이 내용에 영향을 미친다는 점을 우리는 항상 인식해야 한다. 기독교는 체험에 불과한 종교가 아니라 진리를 대하는 종교임을 기억해야 한다.

물론 이러한 도전이 정체된 전통 교회의 상태에 우려를 표한 점은 높이 평가할 만하다. 그러나 경쟁에서 이기기 위하여 고안한 목회적 대안들은 교회를 교회답지 못한 방향으로 끌고 갔다는 비판을 피할 수 없다. 교회가 대중문화 공연장과 혼동되고, 목회자가 유명 연예인이나 기업의 CEO와 동일시되고, 당회가 기업 이사회와 같은 기능을 하는 현상은 결코 세상과 구별되는 '하나님의 백성'으로서의 교회, '새로운 피조물'로서의 교회, '그리스도의 몸'으로서의 교회, '교제'로서의 교회를 제시하는 성경적 교회론에 부합한다고 보기 어렵다.

이런 의미에서 오규훈 교수의 '153 교회론'은 21세기 초 한국 교회가 신중하게 탐색하고 실천해야 할 교회론이자 목회신학적인 도전이다. 이 책에서 저자는 신학교육자의 관점에서 탄탄한 신학적 토대와 현장 경험을 바탕으로 문제를 분석하고 대안을 제시한다. 21세기라는 새로운 상황에서 목회적 대안에 목말라하는 목회자들과 목회 후보생들에게 단비같은 길라잡이가 되어줄 것으로 기대하며, 함께 읽고 함께 실천해나갈 것을 기쁜 마음으로 권한다.

임 성 빈
장신대 교수, 문화선교연구원장

한국 교회,
패러다임을
바꿔야 산다

19세기 프랑스 파리에서는 왕의 폭정에 항거하는 폭동이 자주 발생했다. 어느 날 파리 광장에 모인 성난 군중이 왕궁으로 돌진할 태세를 취하고 있었다. 낌새를 눈치 채고 위기감을 느낀 왕정 진압군 사령관은 군인들에게 발포 준비를 명했다. 군인들이 폭도들에게 일제히 총을 겨눈 순간 광장에는 숨소리 하나 들리지 않을 만큼 정적이 감돌았다. 그때 사령관이 칼을 빼들고 정중한 어조로 혼신의 힘을 다해 외쳤다.

존경하는 신사 숙녀 여러분, 저는 지금 왕궁을 향해 달려드는 폭도들에게 총을 발사하라는 명령을 받았습니다. 하지만 제 앞에는 정직하고 존경을 받아 마땅한 파리 시민들이 많이 계십니다. 부탁건대 여러분은 속히 이 자리를 피하셔서 폭도들에게 총을 발사할 수 있도록 협조해주시기 바랍니다.

놀랍게도 사령관의 말이 끝난 지 몇 분이 채 안 되어 군중은 해산했고 광장은 텅 비었다. 당시 사령관은 광적으로 흥분한 군중을 진압해야 했다. 분노에 가득 찬 군중을 진압하려는 자는 군중을 폭도로 규정하고 그들에게 강한 적대감을 품는 것이 당연한 이치다. 총을 든 군인들로 무장하지 않은 군중을 진압하는 건 일도 아니다. 하지만 사령관은 신중을 기했다. 무력 진압은 수많은 사상자를 낼 뿐 아니라 화가 난 군중을 더 자극할 게 뻔했기 때문이다.

사령관은 군대와 군중이 대치하고 있는 상황을 전혀 다른 관점에서 바라보았다. 군중을 자신과 반대편에 서 있는 적으로 규정하지 않고 자신과 동일한 시민으로 본 것이다. 이를테면 군대와 군중이 서로를 수용할 수 있는 틀을 마련한 셈이다. 그 결과 폭동으로 이어질 수 있는 위협적인 상황이 사라졌을 뿐 아니라 무력으로 군중을 진압하려 했던 위협적인 대응 방식을 쓸 필요가 없어졌다.

이 이야기는 관점의 변화가 불러온 결과가 얼마나 놀라운지 보여준다. 관점을 바꾸면 단순한 1차원적 변화가 아니라 2차원적 변화를 이끌어낼 수 있다. 1차원적 변화란 방이 추울 때 온도를 높이면 따뜻해지는 것처럼 문제에 대한 1차원적 대응으로 얻어내는 변화를 말한다. 그런데 1차원적 변화를 유도하는 조치들은 종종 역효과를 내곤 한다. 1940년대 시카고 지역에서 알코올 중독 문제를 해결하고자 금주법을 제정했던 사례가 대표적이다. 처음에 정부는 알코올 소비를 제한하는 법을 제정했다. 그러다 이 조치가 별 효과가 없자 알코올 소비 자체를 금지하는 법안을 도입하기에 이른다. 그러나 정부 의도와 달리 알코올 중독자는 오히려 늘어났고 주류 밀거래가 성행했으며 저질 주류 유통으로 국민 건강이 악화되었다. 나아가 밀매업자들을 단속하기 위해 경찰력을 투입해야 했고 단속 과정에서 경찰과 밀매업자가 유착하는 일들이 연이어 발생했다. 문제를 해결하고자 도입한 1차원적 정책이 오히려 엄청난 역효과를 불러온 셈이다.

이와 달리 문제를 바라보는 관점을 바꾸거나 완전히 다른 차원에서 문제에 접근해서 변화를 이끌어내는 방법이 있다. 이것이 바로 2차원적 변화다. 21세기에 들어 여러 위기에 봉착한 한국 교회가 이 위기를 헤쳐 나가려면, 이처럼 문제를 바라보는 관점 자체를 바꿔야 한다. 교회와 세상을 바라보고 해석하는 관점의 변화, 즉 패러다임의 변화가 절실하다. 덧붙여 실제로 적용할 수 있는 구체적인 개혁 방법을 고안하고 궁극적으로 행동의 변화를 이끌어내는 노력이 필요하다.

현재 한국 교회는 성장의 한계에 부딪혔다. 그러나 성도 수가 줄어들고 교회 숫자가 감소한다고 해서 다시 숫자를 늘리고 성장을 이어갈 방법을 찾는 것에만 몰두해서는 안 된다. 오히려 성장세를 회복하려는 노력을 포기하고 성장을 바라보는 관점 자체를 바꿔야 할 때다. 한국 교회가 직면한 현재의 위기를 새로운 변화와 도약의 기회로 삼으면, 성도 숫자가 줄어드는 것에 오히려 감사할 수도 있다.

관점을 바꿔야 할 필요성은 한국 교회에 근본적인 변화가 필요하다는 위기감에서 비롯된다. 많은 교회 지도자가 한국 교회의 실상을 안타까워하고 미래를 걱정한다. 합리적 판단과 이성적 관찰을 중시하는 지적인 그리스도인들이나 직통 계시를 받았다고 주장하는 신비주의적 성향의 그리스도인들이나 교회 현실에 대한 인식은 크게 다르지 않은 것 같다. 심지어 교회 밖에 있는 사람들마저 한국 교회를 걱정하는 실정이다. 아니, 사실은 걱정하는 게 아니라 손가락질하고 있다. 좀 더 정확히 말하면 교회와 복음의 본질에 근본적으로 의문을 제기하고 있다고 해야 할 것이다.

이 책은 한국 교회의 목회 혁신을 소망하며 쓴 책이다. 우선 한국 교회 내의 위기 상황과 전반적인 문제를 솔직하게 언급했다. 그리고 문제 해결을 위한 목회적 대안을 제시하고자 노력했다. 무엇보다 기독교인이 어떻게 살아야 하는지, 가치의 문제에 집중했다. 교회 성장을 새로운 관점에서 바라보고 대형 교회를 대체할 실제적 대안을 모색하며 쓴 이 책이 한국 교회가 새롭게 도약하고 부흥하는 발판이 되기를 간절히 소망한다.

1

2000년 전후로 언론을 통해 드러나기 시작한 한국
교회의 미성숙하고 타락한 실상들은 교회 성장의
의미를 되돌아보게 한다. 교회의 자아실현, 성공
지향, 물질주의, 경쟁, 마케팅적 사고, 변형된 축복
신학 등은 성장 속에 뿌려진 타락의 씨앗들이다.

타락의
씨앗을 품은
교회 성장

유행의 사회학과 교회 성장

최근 몇 년간 한국에는 스타벅스, 커피빈, 카페베네 같은 커피 전문점이 우후죽순으로 생겨났다. 웬만한 번화가나 백화점, 대형 상가에 가면 유명 커피 전문점이 몇 개씩 들어서 있다. 전국적으로 원두 소비량이 급상승했고 커피 회사들은 다양한 상품을 앞다투어 내놓는다. 한마디로 커피 열풍이다. 비단 커피만이 아니다. 주거 지역, 아파트 분양, 레저, 음식, 패션, 운동 등 전 분야에서 나타나는 쏠림 현상은 한국 문화의 특징 중 하나다. 유행이라는 것이 본래 그런 특성이 있다지만, 우리 사회는 유독 유행에 대한 반응이 빠르고 뜨겁다.

프랑스 파리고등정치학교에서 사회학을 가르치는 기욤 에르네^{Guillaume Erner} 교수는 《파리를 떠난 마카롱^{Sociologie Des Tendances}》에서 프랑스 전통 음식인 마카롱이 뉴욕이나 동경에 있는 유명 레스토랑에서 인기를 끌게 된 과정을 설명하면서 유행의 탄생과 확산을 사회학적으로 분석했다. 이 책에서 에르네는 유행의 원인을 분석한 여러 사회학 이론을 소개하는데, 그중에서 특별히 관심을 끄는 이론 두 가지가 있다.

하나는 프랑스 사회학자 장 가브리엘 타르드^{Jean Gabriel Tarde}의 모방 이론이다. 한 섬에서 과학자가 던져준 고구마를 18개월 된 암컷 원숭이가 바닷물에 씻어먹자 그의 가족과 친구들이 그를 따라하면서 원숭이들 사이에 이 행동이 빠르게 퍼져나갔다. 그러나 한동안은 고구마에 묻은 모래를 손으로 털어내고 먹는 원숭이가 바닷물에 씻어 먹는 원숭이보다 많았다. 그런데 고구마를 씻어먹는 원숭이가 100마리를 넘어서자 순식간에 그 지역 모든 원숭이가 고구마를 바닷물에 씻어 먹기 시작했다. 학자들은 이 현상을 임계질량의 법칙으로 설명한다. 어느 시점까지는 소수의 사람들만 사용하다가 특정 시점을 넘어서면 대중들이 따라하면서 유행이 되는 것이다.

또 하나의 이론은 사회학자 소스타인 베블런Thorstein Veblen이 제시한 모방적 경쟁이론이다. 이 이론은 사람들 앞에 자신의 우월함을 과시하고자 상품을 구매하는 과시적 소비가 유행을 만든다고 말한다. 이런 현상은 특히 패션 분야에서 두드러진다.

이 두 이론은 한국 교회가 폭발적으로 성장하는 과정에도 여러 가지 유행이 작용했음을 시사한다. 특별히 1980년 전후에 개척해서 세를 확장해온 대형 교회들이 유행을 선도하는 주체가 되었다. 유행의 핵심에는 다양한 목회 프로그램이 있다. 찬양과 예배, 교육, 상담, 영성 훈련 프로그램이 교회 성장에 기여하자 너나 할 것 없이 이를 배우고 따라했다. 성경 공부, 제자훈련, 구도자 예배, 전도 폭발, QT 사역, 가정 사역, 상담 세미나 등 다양한 프로그램이 유행을 타고 교회를 휩쓸었다. 나중에는 교인들이 기존에 다니던 교회를 떠나 자기 마음에 드는 교회를 찾아가는 수평 이동마저 유행이 되어버렸다.

현재 한국에 있는 대형 교회들은 대부분 1970년대 후반에 설립되었다. 그 전에도 긴 역사와 전통을 지닌 대형 교회가 몇 있었지만, 1970년대 후반에 생겨난 대형 교회는 그 성격이 사뭇 다르다. 현재 한국 교회의 성장을 주도하는 대형 교회들은 지구촌 시대가 보편화되면서 빠르게 변하는 현대 문화에 적극적으로 대처하며 성장한 교회들이다.

1970년대 말부터 한국 사회에서는 강연 문화가 유행하기 시작했고, 이런 흐름 속에서 설교 잘하는 목회자들이 유명 강사로 인식되었다.

부흥회 전문 설교자들이 부상했고 이들은 지역 교회를 넘어 전국적으로 활동하기 시작했다. 그중에는 교회 밖에서도 인기가 있는 인물들이 더러 있었다. 연세대학교 김동길 교수, 안식교의 이상구 박사, 연세대학교 신과대학 김중기 교수가 대표적이다. 이들은 교회에서뿐 아니라 일반 방송에도 출연해 뛰어난 언변으로 청중을 사로잡았다.

그 후 1992년에 문민정부가 들어서고 언론의 자유가 생기면서 강연 문화는 자연스럽게 대중들의 대화 문화로 이어졌고 TV 토크쇼 붐이 일었다. 이런 흐름이 교회에 반영된 것이 소그룹 중심의 제자훈련이다. 이렇게 새로운 문화에 잘 적응하던 교회들은 나름의 목회 철학과 방법론을 가지고 있었다. 온누리교회의 열린 예배, 사랑의교회의 제자훈련, 소망교회의 대화식 설교, 순복음교회의 구역 조직 등은 사실 당대의 문화 코드를 담고 있다.

이들이 성장해서 대형 교회로 부상하자 다른 교회들도 이들을 벤치마킹하기 시작했고, 이것은 곧 유행처럼 번졌다. 교회마다 목회 사역 세미나를 개최하여 성장 원리를 공유했고, 수많은 목회자가 교회 성장을 꿈꾸며 앞다퉈 세미나에 참석했다. 세미나의 열기는 교파와 교단을 넘어 전국적으로 번져나갔다. 이런 흐름을 뒷받침한 신학적 근거가 바로 교회성장학이다. 이종전 교수도 《한국 교회 어디로 가고 있는가》라는 저서에서, 교회성장학이 경영학 이론과 포퓰리즘적 실용주의를 활용한 점을 지적한 바 있다.

성장에 성공한 교회의 목회 원리와 방법을 배워서 하나님나라를 확장하는 데 이바지하려는 마음은 귀하다. 부름을 받은 목회자의 성실과 열정은 누구나 본받아야 할 점이다. 실제로 많은 목회자가 이런 적극적인 자세로 교회를 키우고 성장시켰다. 하지만 그 기저에 유행이라는 세속적 가치가 작용했다는 사실 또한 부인할 수 없다.

처음에는 순수한 동기로 시작했지만, 대형 교회를 모방하는 현상이 널리 퍼지면서 어느새 순수한 동기는 사라지고 세속적 가치를 좇는 분위기가 생겨났다. 일례로 대형 교회의 이름을 따서 일산 ○○교회, 부산 ○○교회, LA ○○교회 하는 식으로 교회를 개척하는 사례가 많아졌다. 교회 성장을 위해 목회 원리를 배우는 것과 그 교회 이름을 사용하는 것은 본질적으로 다르다. 우리 교회도 ○○교회처럼 되길 바란다는 소원이 잘못되었다고 할 수는 없다. 하지만 유명한 대형 교회의 이름 덕을 보겠다는 발상은 순간적인 이미지에 감성적으로 반응하는 사람들의 성향에 호소하려는 세속적 발상이다. 명품 브랜드를 앞세워 사람들의 소비 욕구를 자극하는 것과 다를 바 없다. 여기에는 교회 이름을 브랜드화하려는 일종의 상혼이 담겨 있다.

한국 교회가 성장을 추구하면서 교회 안에 이런 세속적 사고가 깊이 스며들었다. 어떤 이들은 자기 교회가 명품 교회라고 떠들고, 어느 교회 목사님보다 우리 교회 목사님 설교가 더 좋다는 말을 아무렇지도 않게 한다. 강남 최고의 교회라느니 위치가 좋다느니 재정이 제일 많다느니 하는 말들도 마찬가지다. 그러다보니 성도들은 귀를 즐겁게 하는 목회자의 설교나 더 좋은 프로그램을 갖춘 이름난 교회를 찾아 쉽게 교회를 옮긴다. 교회는 담임목사를 선전하고 교회를 알리기 위해 경쟁적으로 홈페이지에 설교를 올린다. 기독교 방송 매체에 선교 헌금을 내고 담임목사의 설교를 소개하기도 한다.

물론 인터넷 시대에 설교 영상을 홈페이지에 올리는 건 당연하다.

이를 통해 많은 사람이 유익을 얻기도 한다. 그러나 이런 관행이 유행처럼 번지다 어느 순간 목회자나 교회의 자아실현 방편으로 이용되지는 않았는지 의문이다. 차라리 그 열정과 예산으로 말없이 지역사회의 그늘진 구석을 찾아가는 것이 더 성숙한 모습이 아닐까.

한국 교회의 성장 동력과 과정을 사회학적 관점에서 접근하지 않을 수 없는 이유는 현재 한국 교회에 슬그머니 스며들어 강력한 영향을 끼치는 세속적 가치를 지적해야 하기 때문이다. 사회학자들은 패션의 유행을 경제적 우위를 나타내는 표식으로 설명한다. 사람들이 새롭고 희귀한 무언가를 좋아하는 것은 그것이 자신을 과시하는 데 도움이 되기 때문이라는 것이다. 최신 유행을 따르는 현상은 곧 영원히 채우지 못할 욕망의 표현이라는 학자들의 지적에 주목하지 않을 수 없다.

사회학적 관점에서 볼 때 한 사람이 영위하는 문화는 곧 그가 속한 계급이다. 어느 지역에서 살고, 어떤 차를 타고, 어디에서 어떤 음식을 먹고, 어떤 브랜드의 구두와 가방과 옷을 걸치고 다니는지가 그 사람의 신분과 계층을 대변한다. 이런 분위기에 물든 성도들은 교회를 선택할 때마저도 얼마나 크고 얼마나 유명한 교회인지를 중요하게 생각한다. 더 안타까운 사실은 대형 교회들이 성도들의 이런 세속적 취향에 편승해서 교회를 선전하고 사람을 끌어 모으는 행동을 아무렇지 않게 하고 있다는 점이다. 복음과 예수 그리스도라는 본질적 가치보다 교회 이름이 더 가치 있다는 생각에서 비롯된 행동들이다. 혹자는 자본주의 사회에서 이런 식의 교회 홍보는 얼마든지 가능하다고 항변한다. 또한 한국 교회에 나타나는 여러 현상을 두고 다양한 해석이 있을 수 있다. 하지만 한국 교회가 성장하는 과정에서 유행을 타고 세속적 가치가 유입되었고, 이것이 교회의 본질적 가치를 왜곡하고 변질시켰다는 점을 부인할 수는 없을 것이다.

21세기에 들어서 기독교는 일반 문화의 틈새를 파고들어 그 언저리에 자리를 잡았다. 1970년대 이후 시작된 교회 부흥과 1980년 전후에 시작된 대형 교회의 출현은 개신교와 교회 문화가 한국의 전통 문화에 편입되는 데 결정적인 역할을 했다. 그런데 기독교 문화가 일반 문화에 편입되면서 성도들이 교회 생활을 문화생활의 일부로 치부하는 것 같다는 느낌을 지울 수 없다. 소위 명품 교회로 인식되는 교회가 생겨나고, 크고 유명한 교회에 다니는 것을 특권으로 생각하게 되었다. 교회에서 직분을 받는 것마저도 세속적인 명예를 얻거나 남들이 부러워하는 괜찮은 자리에 오른 것쯤으로 여긴다. 의도하지는 않았을지라도 대형 교회가 여러 측면에서 자기도 모르게 세속적 가치관을 수용한 것만은 사실이다.

성장과 자아실현을 좇아가는 교회

한국 교회의 위기가 어디서부터 시작되었는지 정확히 규명하기는 쉽지 않지만, 기독교의 본질이 되는 가치를 잃어버린 데서 비롯된 것만은 분명하다. 하나님과의 관계에 근본적인 문제가 발생한 것이다. 성경을 하나님의 말씀으로 인정하고 믿으며 날마다 기도하면서 하나님의 뜻을 따라 사는 그리스도의 제자로서의 정체성이 희미해지거나 사라져버렸다. 그래서 위기감을 느끼는 사람들은 하나같이 본질을 회복해야 한다고, 기초부터 다시 시작해야 한다고 외친다. "초대교회로 돌아가자" 혹은 "영성을 회복하자"는 주장도 같은 취지에서 나온 구호들이다.

본질이 왜곡되거나 사라졌다는 사실을 인정하지 않는 사람은 없다. 신앙을 회복해야 한다는 건 누구나 알고 있다. 많은 사람이 신앙을 회복하자고 외쳐왔다. 그러나 정작 교회 안에서는 어떠한 변화도 일어나지 않는 것 같다. 교회의 위기가 '신앙의 상실'에서 비롯되었다고 착각하고 있기 때문이다. 그래서 초대교회로 돌아가야 한다는 식의 주장은 실제 원인을 규명하고 개선책을 찾는 구체적인 행동으로 이어지지 못하고 궁극적인 목표만 외치는 구호에 그치고 만다. 결국 무엇 때문에 신앙을 잃어버렸는지는 규명하지 못한 채 공허한 말만 되풀이하고 있는 꼴이다. 우리는 '신앙의 상실'을 원인이 아니라 결과로 접근해야 한다. 성숙한 신앙이라는 것도 많은 훈련을 통해 이룰 수 있는 목표가 아닌가!

신앙을 잃어버린 원인을 파악하려면 세밀한 관찰과 통찰이 필요하다. 교회가 신앙을 잃고 타락하는 이유는 그 신앙이 우리가 품고 있는 인생관을 다루지 않기 때문이다. 바꾸어 말하면 우리 안에 성경적 가치관이 내면화되지 않은 탓이다. 결국 아무리 신앙을 배우고 훈련해도 정작 행동에 영향을 끼치는 가치관을 바꾸지 않는 것이 문제다. 신앙이 지식 차원에서만 끝나버린다는 말이다. 이는 곧 우리가 기존에 가지고 있던 세속적 가치관을 신앙으로 바꾸는 대신 세속적 가치관과 타협하거나 공존하는 형태로 신앙을 받아들인다는 의미다. 그러면 신앙을 배우고 익히는 과정에서도 얼마든지 세속적인 방식을 선택할 수 있다고 합리화하기 쉽다. 결국 세속적 가치관을 옹호하는 신앙과 신앙 성숙을 돕는 세속적 방식이 교묘하게 조화를 이루며 공존하는 것이다.

실제로 한국 교회에서는 하나님의 말씀과 성경적 가치관이 성장이나 자아실현과 같은 세속적 가치와 교묘히 결합해왔다. 물론 성장과 자아실현을, 생사화복을 주관하시는 하나님의 축복으로 받아들일 수도 있다. 하지만 그것이 신앙의 궁극적인 목표가 되어버린다면, 그것이 곧 기복주의다. 한국 교회가 한창 세력을 확장하던 시기에 목회자와 성도 들이 추구했던 핵심 가치가 바로 성장과 자아실현이다. 한국 사회는 세계가 주목할 만큼 경제 성장을 이루었고 한국인들은 자아를 실현하는 데 성공했으나 안타깝게도 성장과 자아실현이라는 가치에 함몰되고 말았다. 마찬가지로 한국 교회는 지난 40여 년 동안 폭발적으로 성장했으나 그 과정에서 목회자를 위시한 교회 전체가 성장주의 신학에 깊숙이 젖어들고 말았다.

결국 성장과 자아실현은 교회 전체와 성도 개개인을 방어하는 전신갑주가 되었다. 그 결과 신앙을 받아들이고 배울 때 기존에 가지고 있던 세속적 가치관을 버리거나 바꾸지 않는다. 그 대신 신앙을 자기 성장과 자아실현을 지지하는 요소로 적절히 수용한다. 즉 성장 속에 이미 타락의 씨앗이 뿌려진 것이다.

한국 교회 안에 나타난 유행 현상은 신학적으로 성장제일주의가 낳은 열매라고 할 수 있다. 교회는 주님이 오실 때까지 계속 성장해야 한다. 하지만 성장제일주의에 빠지면 예수님의 거룩함을 본받고 영적 가치를 보존하고 전수하는 일이 우선순위에서 밀려나 부차적인 일이 된다. 20세기 최고의 기독 철학자로 불리는 C. S. 루이스는 우선순위에서 두 번째 것을 첫 번째 자리에 놓으면 두 가지 다 얻을 수 없다고 강조한다. 즉 성장을 위한 방법론을 무분별하게 도입하면, 거룩함이나 순결함과 같은 영적 가치들은 무시하거나 포기하고 만다. 성장 속에 타락의 씨앗이 잉태되었다는 말의 의미가 바로 여기에 있다. 한국 교회가 한창 성장하던 시기에 많은 성도를 모으고 교회를 크게 키운 목회자를 일컬어 '꿩 잡는 게 매'라고 한 것도 그런 의미다. 한 마디로 한국 교회의 성장에는 물질주의적 가치관과 마케팅적 사고가 깊이 뿌리 내리고 있다.

교회가 폭발적으로 성장하던 시기에 활용했던 교육 및 훈련 프로그램도 이런 물질주의 가치관에 잠식당한 듯하다. 언제부터인가 교회는 일종의 학교처럼 모양새를 갖추고 수강료를 지불해야 수강할 수 있는 프로그램을 마련했다. 평생교육 열풍이 교회 안에도 그대로 불어 닥친 것이다. 성도들의 학구열과 그 욕구를 충족시키려는 교회의 의도가 맞물린 결과다. 배우려는 열망과 교육을 통해 성숙한 성도를 양성하려는 의도에는 아무 문제가 없다. 돈을 내는 만큼 마음을 쏟기 마련인 인간의 본성을 감안하면, 훈련의 효율성을 높이는 차원에서 수강료를 받는 것도 당연할 수 있다. 현실적으로 교회가 훈련비 전체를 감당하는 것도 쉽지 않다.

그런데 이렇게 교회가 폭발적으로 성장하면서 교육 및 훈련 프로그램이 유행처럼 퍼져나갔지만, 실상 결실은 별로 없었다. 하나님나라를 위해 헌신하는 거룩한 일꾼이 늘어갈 것으로 기대했지만, 기대한 효과가 나타나지 않았다. 교회 교육이 그저 자아실현의 욕구를 충족시키고 사람들 앞에 자기를 포장하고 내세울 수 있는 자격증을 주는 도구로 전락한 탓이다. 훈련 프로그램을 그리스도의 성품을 닮아가는 계기로 삼는 것이 아니라 자아실현이라는 감추어둔 욕망을 충족시키는 도구로 만들어버린 것이다. 자아실현이 무조건 잘못된 것이라고 단언할 수는 없다. 문제는 자아실현이 신앙 성숙이나 영적 가치와 어긋날 때가 많다는 것이다. 21세기 한국 교회가 안고 있는 문제는 교회가 이런 혼재된 가치들을 명쾌하게 구별하지 않고 세속화의 길을 가고 있다는 데 있다.

성장 속에 뿌려진 타락의 씨앗

필자가 살펴본 통계 자료에 따르면 한국 교회의 성도 수는 1945년 즈음에 약 50만 명, 1960년대 초에 약 80만 명, 1968년도에 약 230만 명을 기록했다. 그리고 그 후 약 20년간 폭발적인 부흥을 통해 1,000만 명이 넘는 성도 수를 자랑하게 되었다. 한국 교회사에서 폭발적인 성장의 촉진제가 되었던 중대 사건을 꼽자면 바로 1974년에 있었던 '복음 엑스플로 74'다. 그때부터 한국 교회는 복음주의를 내세우며 영혼 구원을 위한 전도를 강조하고 성장을 추구하기 시작했다. 한경직 목사가 민족 복음화를 위해 외쳤던 '4천만을 그리스도에게로!'라는 슬로건이 그 뒤를 이었다. 교회 성장의 추이를 보면 1960년대에는 교인이 매년 거의 10만 명씩 증가했고, 1970년대에서 1980년대로 넘어가는 시점에는 한 해에 거의 100만 명씩 증가했다.

성장이 최고조에 달하던 시기에는 성도 수가 1,200만 명이 넘었다는 주장도 있었다. 그러나 양적 성장에는 부정적인 측면이 내재하게 마련이다. 2000년 전후로 언론을 통해 드러나기 시작한 한국 교회의 미성숙하고 타락한 실상들은 교회 성장의 의미를 되돌아보게 한다. 교회의 자아실현, 성공 지향, 물질주의, 경쟁, 마케팅적 사고, 편향된 축복신학 등은 성장 속에 뿌려진 타락의 씨앗들이다. 경제학에서도 경제성장의 과정에서 여러 사회 문제가 생겨난다고 본다. 이렇듯 성장 속에 이미 타락의 씨앗이 뿌려졌음을 인정해야 한국 교회의 문제를 제대로 진단할 수 있고 바른 대안을 제시할 수 있다.

이제까지 한국 교회는 폭발적인 성장에 아낌없는 박수를 보냈다. 복음에 대한 열정, 헌신적인 교회 생활, 선교를 향한 열심, 단기간에 이룬 양적 성장 등은 세계가 주목할 만한 대단한 열매였다. 그 결과 한국 사회에서 기독교가 차지하는 위치와 영향력도 사뭇 달라졌다. 최근 2013년 11월에 부산에서 열린 세계교회협의회 총회는 세계 교회에서 한국 교회가 차지하는 위상을 증명해주는 결정적인 결과물이다. 한국 교회는 양적 성장을 자랑스러워했고 교회성장학을 통해 신학적으로 의미를 부여하며 계속해서 성장을 추구해왔다.

그러나 21세기에 들어서서 한국 교회는 급격히 쇠락의 길을 걷고 있다. 이미 한참 전부터 많은 지도자가 쇠락의 징후를 감지하고 원인을 추적했고 진단과 자성의 목소리를 냈다. 하지만 나는 한국 교회가 자랑스러워하는 바로 그 '성장'에 쇠락의 원인이 있다고 보고 교회 성장을 재평가해야 한다고 생각한다.

성공회대 권진관 교수는 대형 교회에 대해 다음과 같이 말한다.

작은 교회들은 무너지고 있는데 대형 교회는 비대해지고 있다. 대형 교회라고 하는 암세포가 작고 건강한 세포들을 죽이고 있는 것처럼 보인다. 대형 교회들은 점점 커지는데 어디 위기가 있느냐고 반문하겠지만, 그렇지 않다. 대형 교회가 문제다. 대형 교회로 가는 교인들은 중소 교회의 교인들로서 이들이 대형 교회로 수평 이동을 하거나 교회 다니기를 아예 포기한 것으로 보아야 한다.

권진관 교수는 이 글에서 대형 교회의 문제점을 적나라하게 묘사하고 영적으로 미성숙한 한국 교회의 모습을 지적했다. 실제로 한국 교회에 대한 연구 문헌을 찾아보면 이미 1980년대부터 문제점을 인식하고 있었다. 한국 교회가 폭발적으로 성장하는 과정에서 문제가 드러나기 시작했다는 말이다.

실제로 한국 교회는 성장 과정에서 비성서적이고 비윤리적인 목회 방법을 무분별하게 사용했다. 교회 성장에 도움이 된다는 이유로 그런 방법들을 묵인했고, 시간이 지나면서 그것이 관행으로 굳어지자 나중에는 아예 눈을 감아버렸다. 그러나 이제는 교회 성장을 주도했던 신학적 배경, 목회방법론, 목회 관행, 목회자의 정체성, 교회 구조에 대해 성찰하고 새롭게 평가해야 할 때다. 이는 곧 교회가 자신을 향한 윤리적 기준을 높여야 한다는 뜻이다. 과거에는 문제되지 않았던 행동이나 기준들을 이제는 문제로 인식할 수 있을 정도로 윤리의식이 향상되어야 한다는 말이다.

진단과 대안

이 책은 목회 현장과 신학 연구가 분리되지 않음을 알리는 실천신학의 연구물이다. 엄밀히 말해서 '모든 신학은 실천신학'이다. 성서신학, 역사신학, 조직신학은 이론이고 실천신학은 이론을 응용해서 실천하는 신학이 아니라 네 가지 모두가 실천신학이고 또 그래야 한다. 2,000년 기독교 역사를 살펴보면 신학은 본래 예수의 부활을 믿는 사람들의 모임인 교회 현장으로부터 생겨났다. 신학 이론으로부터 교회가 나온 것이 아니라 교회가 세워진 다음 신학이 생겨난 것이다. 한 마디로 신학보다 삶의 현장이 먼저 있었다.

따라서 이 책은 신학적인 내용도 담고 있지만 교회의 실상과 우리의 삶에 대해 먼저 이야기한다. 목회와 신학이 분리되지 않는다는 관점에서 현상에 신학적으로 접근하려면 현재 한국 교회를 둘러싼 사회와 문화를 들여다보아야 한다.

역사의 암흑기라고 불리는 중세 교회가 개혁을 맞게 된 것은 필연이었다. 그리고 그 공식 신호탄이 종교개혁이다. 그런데 종교개혁이 활활 타오른 것은 르네상스라는 불씨를 통해서였다. 희랍 시대의 고전을 연구하고자 일어난 인문주의가 종교개혁을 촉발하는 촉진제가 된 것이다.

21세기에 들어서면서 한국 사회에도 인문학 바람이 불고 있다. 사회가 혼란스럽고 경제가 어려워지자 성장과 성공을 향해 달리느라 잃어버린 본질적인 가치를 찾으려는 몸부림이 시작된 것이다. 인문학에 대한 관심은 한국 사회의 시대적 요구이자 피할 수 없는 과정이다. 한국 교회도 이 과정을 지나고 있다. 교회 안팎에서 개혁 요구가 높아지고 있는 이때에 한국 교회를 바로 보고 미래 교회가 나아갈 바른 방향을 제시하려면 인문학적 접근이 반드시 필요하다. 이제부터 신학은 인문학과 융합하여 교회에 새로운 방향을 제시하도록 노력해야 한다.

중세교회의 역사는, 교회가 과도한 권력을 손에 넣을 때 성경이 말하는 인간의 가치를 무시하는 교리적 권위가 발동한다는 사실을 증명했다. 바로 이것이 지금 한국 교회에 인문학이 필요한 이유다. 인문학은 인본주의가 아니다. 하나님께서 직접 빚어 만드시고 예수 그리스도의 보혈로 구원하실 만큼 소중한 인간의 가치를 교리로 억압하고 무시하는 행태가 자행되고 있는 현실을 우리로 하여금 자각하게 도와주는 도구다.

이런 의미에서 인문학적 접근이 필요하다. 앞에서 지적했듯이 신앙을 배우고 훈련하는 과정에 세속적 가치가 교묘하게 섞여 있다면, 무엇보다 가치관을 다룰 수 있는 접근방법을 선택해야 한다. 인간을 좀 더 폭넓게 다루는 방식을 고민해야 하는 것이다.

보수적인 한국 교회는 일반 학문에 매우 경직된 태도를 취한다. 오직 예수 그리스도의 복음과 성경만이 유일한 진리라고 주장하면서 신앙을 일반 학문의 관점에서 설명하는 것을 무조건 정죄하고 거부한다. 물론 일반 학문의 시각이 갖는 위험성을 신중하게 분별하고 주의를 기울일 필요는 있다. 하지만 일반 학문 자체를 부정하는 것은 옳지 않다. 우리는 일반은총, 곧 일반 학문이나 자연을 통해 교회와 하나님을 이해하는 것에 대해 유연한 태도를 취해야 한다.

생물학, 물리학, 천문학, 경제학 등 모든 학문은 종교의 차이를 넘어 자연과 인간, 인간의 사회활동을 연구하는 학문이다. 이런 학문들은 하나님의 존재에 대해 직접 판단하지도 않고 그것이 학문의 목표도 아니다. 반면에 신앙은 과학적 사실을 초월해서 삶을 살아가는 영적 고백이다. 동일한 학문을 연구해서 동일한 결론을 주장한다 해도 하나님의 존재를 믿는 사람도 있고 그렇지 않은 사람도 있다. 학문 진리와 개인의 신앙고백을 혼동해서는 안 된다. 그런 점에서 우리는 일반 학문에 마음을 열고 겸허히 배우는 자세를 가져야 한다.

이 책은 한국 교회의 사역과 선포가 과연 예수 그리스도의 복음을 정확하게 선포하고 살아 계신 하나님을 나타내고 있는지 검증하려는 노력의 일환이다. 그 과정에서 역사학, 심리학, 경영학, 인류학에서 나온 연구 자료를 많이 참조했다. 개중에는 일반 학문의 관점이나 이론을 언급하는 것 자체를 거북해하는 사람도 있을지 모르지만, 다양한 학문의 시각을 겸손히 배우려는 자세로 인용했고 이를 통해 새로운 차원의 목회 방향과 방법을 제시하려 했다.

지난 20여 년간 한국 교회는 부정적인 모습이 밖으로 드러날 때마다 "성경으로 돌아가자", "초대교회로 돌아가자", "개혁의 영성을 회복하자" 등의 구호를 외쳤다. 회개를 위해 대형 집회를 열고 많은 행사를 치렀다. 하지만 현상은 달라지지 않았고 영적으로 침체된 분위기 역시 바뀌지 않았다.

성경으로 돌아가고 개혁적 영성을 회복하자는 원론적인 주장도 분명 중요하다. 문제는 이런 구호가 실제적인 변화를 불러오지 못했다는 점이다. 무엇보다 구호의 의미가 모호했기 때문이다. 의미가 모호하니까 구체적인 실천 방안도 제시할 수 없었다. 이에 이 책에서는 한국 교회의 위기를 정확히 진단하고 문제 해결을 위한 실천 전략을 분명하게 제시하려 한다. 진단은 신학의 문제이고 실천은 대안 제시의 문제다.

진단은 본질상 신학 작업이기 때문에 현실에 대한 객관적이고 합리적인 인식에 근거한 신학적 판단에서부터 시작된다. 즉 이 시대의 흐름을 사회문화적으로 분석하고 그 안에 담긴 영적 필요를 명확히 분별해내는 역사 인식이 필요하다. 주님께서는 제자들에게 이렇게 말씀하셨다.

> 아침에 하늘이 붉고 흐리면 오늘은 날이 궂겠다 하나니 너희가 날씨는 분별할 줄 알면서 시대의 표적은 분별할 수 없느냐(마 16:3).

우리에게는 이 시대를 하나님의 눈으로 바라보고 해석하는 혜안이 필요하다.

그런가 하면 대안 제시는 현상을 바꿀 수 있는 새 모델을 구체적으로 제시하는 것이다. 이 책에서 나는 한국 교회의 위상을 대표할 뿐 아니라 갖가지 문제를 안고 있는 대형 교회를 대체할 대안 모델을 제시하려 한다. 대형 교회는 한국 교회 성장의 아이콘이다. 방대한 조직과 물적·인적 역량을 가지고 많은 사역을 하면서 한국 사회와 교회 전체에 큰 영향력을 행사하고 있다.

하지만 대형 교회에는 자본주의에 물든 세속적 가치관과 제도적 불합리성이 내재한다. 거대 조직의 특성상 CEO형 담임목사, 서열화, 관료제, 물질주의 가치관에 근거한 운영 방식, 그에 따른 도덕적 해이 등 관료 조직의 병폐를 그대로 안고 있다. 그러나 본디 교회는 영적 공동체다. 따라서 거대한 조직을 효율적으로 운영하기 위해 도입한 관료 조직이나 관료 문화와 부딪힐 수밖에 없다. 교회의 본질이 왜곡되고 문제가 불거지는 것도 바로 이 때문이다.

그러므로 나는 이 책에서 대형 교회의 여러 측면을 객관적으로 고찰하는 한편, 교회가 영적 공동체의 본질을 유지하면서 이 사회에 거룩한 영향을 끼칠 수 있는 대안으로 '153 교회'라는 이상적인 모델을 제시하려 한다.

시몬 베드로가 올라가서 그물을 육지에 끌어올리니
가득히 찬 큰 물고기가 백쉰세 마리라.

요 21 : 11

2

'왜 우리 교회는 더 이상 성장하지 못할까' 하는 자조적 비판을 멈추자. 성장 비결에 목을 매고 성장 신화에 빠져 방향을 잃어서는 안 된다. 교회 규모를 키우는 것보다 현재 모습에 감사하며 복음의 본질을 삶으로 살아내는 것이 훨씬 더 중요하다.

왜
153 교회인가?

교회 안에 파고든 '규모의 경제'

규모를 늘려 더 큰 이익을 보는 현상을 '규모의 경제'라 한다. 이 용어는 엄연히 경제학 용어다. 하지만 교회에서도 이 경제 원리가 그대로 적용되고 있다. 한국 교회의 대형화를 문제 삼을 때면 반드시 규모를 언급하게 된다. 그런데 이분법적 사고로 이 문제에 접근하는 건 바람직하지 않다. 이 책은 대형화가 좋다, 나쁘다 하는 결론을 내리기보다 대형 교회의 폐해를 극복할 구체적인 대안을 모색하는 데 초점을 맞추려 한다. 이 장에서는 교회의 본질을 지킬 수 있는 적절한 규모를 생각해 보고 한국 교회 대형화에 대한 대안을 규모의 차원에서 제시할 것이다.

래드 지데로Rad Zdero는 《세상을 뒤흔드는 작은 교회The Global House Church》라는 책에서 현대 교회가 가정 교회로 돌아가야 한다고 주장한다. 최후의 만찬을 위해 모인 장소, 마가의 다락방, 고넬료의 집 등 초대교회는 가정을 중심으로 모였다는 점과 마을로 찾아가 전도하라는 주님의 명령을 근거로 가정 교회를 이상적인 모델로 제시한다. 그러나 초대교회 때와 지금의 상황은 여러 면에서 차이가 있다. 당시의 모임 문화는 가족 단위로 이루어졌기에 어쩌면 가정 교회가 자연스러웠는지도 모른다. 하지만 핵가족을 넘어 1인 가구가 점점 증가하는 지금은 가정에서 모임을 갖거나 가정을 중심으로 공동체를 형성하기가 쉽지 않다. 그럼에도 래드 지데로가 제시한 가정 교회 모델은 교회 공동체의 본질을 어느 정도 담아내고 있다.

그런가 하면 신광은 목사의 《메가처치 논박》은 현재 한국의 대형 교회가 지닌 모순과 왜곡을 성경을 근거로 적나라하게 비판한다. 주된

논지는 크기가 본질에 영향을 미친다는 얘기다. 크기가 커질수록 본질에서 멀어진다는 말이다. 《메가처치 논박》을 읽고 여러 의문이 생겼다. 과연 교회가 작아진다고 본질에 충실해질까? 작아져야 한다면 어느 정도로 작아져야 할까?

이 질문에 답하기 전에 먼저 대형 교회를 신학적 논제로 삼는 것이 과연 성경적인지부터 짚고 넘어가야겠다. 대형 교회는 성경적인 교회가 아니라고, 대형 교회가 교회의 본질과 가치를 훼손한다고 단정하려면 이에 대한 근거가 명확해야 한다. 신광은 목사는 대형 교회의 크기 자체가 문제라고 말한다. 교회 크기에 대한 관점을 다양하게 제시하면서 크기가 본질은 아니라는 "태도들은 한결같이 크기의 문제를 부차적이고 가치중립적인 문제로 보며 교회의 크기를 문제의 중심에서 배제"한다고 반박한다.

그러나 《메가처치 논박》이 해석하고 강조하는 방식을 비판 없이 따른다면, 성경을 단순히 '규모'의 차원에서만 해석할 위험이 있다. 사실 신광은 목사가 그 책에서 하려던 말은 교회가 무조건 크면 안 된다는 것이 아니라 교회가 본질을 잃지 않을 수 있는 적절한 규모가 존재한다는 이야기였을 것이다.

한창 이슈가 되었던 기업형 슈퍼마켓은 지금도 사회적으로나 경제적으로 심각한 문제다. 대기업이 골목 상권까지 밀고 들어와 서민들의 생계를 위협하고 있다. 한국 교회도 이와 유사한 현상을 보인다. 끊임없이 확장을 향해 달려가는 대형 교회의 성장 중심 목회가 소형 교회를 문 닫게 하는 현실은 이제 놀랍지도 않다. 현재 한국 교회는 전에 없던 위기에 처했다. 그리고 대형 교회가 그 중심에 서 있다. 물론 크기 때문에 위기를 맞은 것은 아니다. 문제는 신앙의 본질을 흐리는 대형 교회의 목회 방식에 있다.

교회는 일단 대형화되면 그 규모를 유지하기 위해서 성장을 추구할 수밖에 없다. 대형 교회는 성장과 함께 흡인력이 기하급수적으로 높아진다. 대형 마트는 구멍가게와 달리 소비자의 구미에 맞는 상품을 구비할 수 있는 자본력이 있기에 사람들은 구멍가게보다 대형 마트를 선호한다. 대형 교회도 마찬가지다. 풍부한 자원을 바탕으로 성도의 다양한 필요를 충족시키니 더 많은 사람이 몰려오고, 몰려오는 사람들을 다 수용하려면 더 넓은 공간이 필요하니 건물을 증축하는 식으로 교회는 성장을 향해 달려간다.

교회 내부의 필요를 가장 중요하게 생각하는 한 성장 중심의 목회를 할 수밖에 없는 것이 현실이다. 바로 이 지점에서 우리는 교회가 어떤 가치를 중요하게 생각하는지, 즉 목회 철학의 문제에 맞닥뜨리게 된다. 사실 대형 교회의 문제는 방법론이 아니라 철학에 있다.

성장해야 할 이유가 있고 성장할 수 있는 동력을 갖추고 있으며 성장에 필요한 환경이 뒷받침될지라도 더 이상 성장을 추구하지 않는다는 분명한 철학을 가져야 비로소 대형 교회의 폐해를 극복할 실마리를 찾을 수 있다. 교회는 영적 가치를 추구해야 한다. 교회는 단순한 조직체가 아니라 하늘의 영적 가치를 담고 있는 구별된 공동체이기 때문이다. 높은뜻숭의교회가 4개의 교회로 분립한 예나 2012년에 분당우리교회가 교회 건물을 사회에 환원하겠다고 선언한 사례는 대형 교회가 영적 가치를 우선순위에 둔 좋은 예다.

지난 반세기의 한국 교회사에서 교회와 지도자들은 대형 교회를 모델로 성장을 추구해왔다. 그 선택을 쉽게 비난할 수는 없다. 하지만 그 선택이 불러온 결과의 양면성을 고찰하며 대형 교회가 안고 있는 문제점을 겸허히 인정하고 냉철하게 분석해야 한다. 무엇보다 교회의 본질을 흐리게 한 과오가 있다면, 깊이 성찰하고 단호히 대처해야 한다. 그리고 이 모든 과정에서 새로운 대안을 제시하지 못한다면, 그 어떤 주장이라도 설득력을 얻기 어려울 것이다.

가치관을 바꾸려면 구체적인 대안이 있어야 한다. 아무리 훌륭한 철학과 명분이 있어도 이를 구현할 구체적인 대안이 없으면 변화는 일어나지 않는다. 따라서 우리에게는 교회의 적절한 규모를 구체적으로 제시하고 그 규모를 잘 관리하도록 돕는 실제적인 해결책이 필요하다.

결론부터 말하자면, 나는 성도 수가 150명 정도일 때 목회자가 복음의 본질을 잃지 않으면서 효율적으로 목회할 수 있다고 본다. 그래서 성도 수가 150명 정도인 교회 공동체를 '153 공동체' 혹은 '153 교회'로 명명하고자 한다. 물론 '153'이라는 숫자는 교회의 본질과 목회의 참된 의미를 지킬 수 있는 적정 규모를 고민한 끝에 나온 숫자로 절대적인 기준은 아니다.

사실 '적절하다'라는 말만큼 애매한 말도 없다. 상황을 보는 사람의 입장이나 가치관에 따라서 '적절하다'의 기준은 달라지게 마련이다. 그러니 적절한 크기를 정하는 것 자체가 모순일 수 있다. 또한 교회 크기를 기준으로 교회의 가치나 성숙도를 평가하는 것도 어딘가 부적절해 보인다.

그럼에도 우리 주위에는 적절한 규모라는 것이 있다. 사람들의 키나 몸무게에도 평균치가 있다. 평균치를 적정치로 단정할 수는 없지만,

상식적인 차원에서 그렇게 받아들여도 큰 문제는 없다. 경제에서도 적정 규모가 있다. 국가 경제에서는 약 1억 명 정도의 인구가 경제 구조상 최대의 효과를 낸다고 한다. 한 도시가 경제적으로 자족 기능을 갖추는 데 필요한 적정 인구도 있다.

그렇다면 교회 규모도 적절한 크기가 있지 않을까? 만약 구체적인 숫자로 적절한 교회의 규모를 산정할 수 있다면 목회에 매우 실제적인 지침이 될 것이다. 그리고 그 숫자가 분명한 근거에서 나온 것이라면, 우리는 그것이 바람직한 교회 규모라고 말할 수 있을 것이다.

'없는 것 애달파하는 대신 있는 것 찾기'를 주창한 유키 도미오라는 일본 민속학자가 있다. 한국 교회 현실에 꼭 필요한 말이 아닌가 싶다. 교회가 성장하지 않는 것 때문에 좌절하고 낙심하는 목회자들이 주위에 많이 있다. 이는 교회가 성장하지 않는 것은 목회자나 교회에 뭔가 문제가 있는 거라고 생각하는 탓이다. '왜 우리 교회는 더 이상 성장하지 못할까' 하는 자조적 비판을 멈추자. 성장 비결에 목을 매고 성장 신화에 빠져 방향을 잃어서는 안 된다. 교회 규모를 키우는 것보다 현재 모습에 감사하며 복음의 본질을 삶으로 살아내는 것이 훨씬 더 중요하다.

나아가 이제 한국 교회는 성장을 향한 질주를 멈추고 속도를 늦출 필요가 있다. 현실적으로 더 이상 성장이 어려워진 것도 사실이지만, 교회 성장의 방향을 재점검해야 할 때가 바로 지금이다. 성장은 중독성이 강하다. 한번 맛을 들이면 결코 멈출 수 없는 강력한 마력을 지니고 있다. 이제 한국 교회는 성장을 향한 달음질을 멈추고 새로운 대안을 찾아야 한다.

《슬로 라이프》의 저자인 쓰지 신이치는 문화란 "느리게 순환하며 흐르는 자연계의 시간에 인간의 삶을 순응시켜 조화롭게 꾸려 나가는 지혜"라고 했다. 나는 이것이 새로운 교회 문화를 세워야 할 이 시점에 가장 필요하고 적절한 문화관이라 생각한다. 한국 교회는 폭발적으로 성장하는 과정에서 세속의 문화와 정신을 무분별하게 받아들였다. 그 흔적을 단번에 모두 지우기는 쉽지 않겠지만, 의미 있고 가치 있는 대안을 찾아 한걸음씩 나아간다면 새로운 교회 문화를 만드는 일도 충분히 가능하리라 본다.

베드로의 물고기와 153 공동체

요한복음 21장 1-14절에는 부활하신 예수님이 디베랴 호수에 있던 제자들 앞에 나타나시는 장면이 나온다. 예수님은 날이 새도록 물고기를 한 마리도 잡지 못했던 제자들에게 그물을 배 오른편에 던지라고 말씀하신다. 제자들이 예수님의 말씀을 따라 그물을 던지자 물고기가 너무 많이 잡혀 그물을 들 수 없을 정도였다. 한 제자가 베드로에게 저분이 주님이시라고 알려줬고 그제야 베드로는 옷을 걸치고 급히 바다로 뛰어내렸다. 나머지 제자들은 배를 타고 물고기가 든 그물을 호숫가로 끌고 왔다. 그리고 지금 잡은 생선을 좀 가져 오라는 예수님의 말씀에 베드로가 그물을 육지에 끌어올렸다.

성경은 그다음 상황을 이렇게 기술하고 있다. "시몬 베드로가 올라가서 그물을 육지에 끌어올리니 가득히 찬 큰 물고기가 백쉰세 마리라"(11절). 성경은 그물에 가득히 찬 물고기 숫자가 153마리였고, 그것은 그물이 찢어질 정도로 많은 양이었다고 말한다.

나는 이 책에서 공동체를 건강하고 효율적으로 유지할 수 있는 최대 인원이 150명 정도라는 사실을 전제로 153 공동체의 정체성과 목회자의 역할, 목회 실천 과제를 상세히 밝히려 한다. 이에 대한 근거로 인류학, 경영학, 사회학 이론과 교회사에 나타난 다양한 실증 자료를 제시할 것이다. 그러나 그 어떤 이론과 사례보다 중요한 것이 성경말씀이다. 이에 나는 앞에서 언급한 요한복음 21장 본문이 신앙 공동체의 규모와 관련하여 어떤 의미가 있는지 먼저 살펴보고자 한다.

사실 153마리의 물고기를 잡았다는 11절 본문의 일차적 의미는 신앙 공동체의 적정 규모를 뜻하는 것이 아니다. 요한복음 21장은 부활하신 예수님이 영이 아니라 인간과 같은 육체를 입고 계셨다는 사실을 보여주는 본문이다. 요한복음 20장에서 막달라 마리아에게 나타나신 것이나 제자들에게 나타나 손과 옆구리를 보여주신 것, 도마에게 "네 손가락을 이리 내밀어 내 손을 보고 네 손을 내밀어 내 옆구리에 넣어보라"(27절)라고 말씀하신 것, 그리고 21장에서 잡은 생선을 구워 잡수시는 장면은 모두 예수님이 영이 아니라 인간과 같은 육체를 입고 부활하셨다는 사실을 보여주는 대목이다. 이런 맥락에서 보면 잡은 물고기 숫자가 몇 마리인지는 별로 중요하지 않아 보인다.

그럼에도 신학자들은 베드로가 잡아 올린 물고기 숫자가 153마리였다는 점에 대해 나름대로 해석을 제시한다. 대표적인 신약학자인 윌리엄 바클리W. Barcley는 사도 요한이 요한복음을 기록하면서 153마리라는 구체적인 숫자를 써서 묘사한 데는 분명한 의도가 있었을 것으로 전제하면서 고대 교부들의 여러 해석을 소개한다.

그중 하나가 알렉산드리아의 시릴Cyril of Alexandria의 해석이다. 시릴은 153이라는 수가 숫자 세 개로 이루어져 있다고 주장한다. 첫 번째는 100이라는 숫자인데, 이는 이방인의 최대치를 의미한다고 보았다. 그는 마태복음 18장 '잃어버린 양'의 비유에 나오는 양 100마리가 목동 한 사람이 칠 수 있는 양의 최대 수라고 해석했다. 이뿐 아니라 마태복음 13장의 '씨 뿌리는 비유'에서 좋은 땅에 뿌려진 씨앗이 맺는 결실의 최대치도 100배다. 이를 근거로 시릴은 100이라는 숫자가 그리스도에게로 돌아올 수 있는 이방인의 최대 숫자를 뜻한다고 주장한다. 두 번째는 50이라는 숫자인데, 시릴은 이것이 그리스도에게로 돌아올 수 있는 이스라엘의 남은 자들의 숫자라고 보았다. 세 번째는 3이라는 숫자인데, 이는 모든 만물이 영광을 돌리게 되는 삼위일체 하나님을 의미한다고 보았다. 꽤 그럴듯하지만 상당히 우화적인 해석이다.

히포의 주교 아우구스티누스Aurelius Augustinus도 153이라는 숫자를 흥미롭게 해석했다. 그는 10이라는 숫자는 십계명을 의미하고, 7이라는 숫자는 은혜의 숫자라고 주장했다. 십계명(10)에 은혜(7)를 더하면 17이다. 그리고 1부터 17까지 숫자를 차례로 더하면 그 합이 153이다. 이를 근거로 아우구스티누스는 153이라는 숫자가 율법 또는 은혜를 통해 그리스도에게로 인도될 수 있는 모든 사람의 숫자를 가리킨다고 보았다. 숫자의 합이 절묘하게 맞아 떨어져서 흥미롭기는 하지만, 이 또한 우화적인 해석을 벗어나지 못한다.

그런가 하면 금욕주의를 주장했던 고대 교부 제롬Jorome은 비교적 간단한 설명을 제시했다. 그는 153이라는 숫자가 바다에 사는 153종의 다양한 고기를 의미한다고 보았다. 그래서 153마리를 잡았다는 것은 모든 종류의 고기를 한 곳에 다 담았다는 의미라고 해석했다. 이를 근거로 제롬은 153이 세계 모든 민족이 예수에게 인도될 것임을 상징한다고 주장했다.

이렇듯 세 사람은 153이라는 숫자를 모두 영혼 구원의 관점에서 해석한다. 이 해석의 연장선에서 보면, 그물은 구원의 방주인 교회를 상징한다고 보아도 좋을 것이다. 그리고 목동 한 사람이 칠 수 있는 양의 최대 수가 100이라고 본 시릴의 해석은 153이라는 숫자를 신앙 공동체의 적정 규모로 보는 이 책의 논지와 일맥상통하는 부분이 있다.

목회자들 중에는 요한복음 21장 11절을 설교하면서 베드로가 잡은 153마리의 물고기가 목회자 한 사람이 목회할 수 있는 성도의 최대 수라고 해석하는 이들이 꽤 있다. 그러나 이는 근거가 확실한 이론이라기보다 개인의 목회 경험과 주변의 목회 현장을 관찰하면서 얻은 통찰이다. 그래서 목회자들은 이런 해석을 목회할 때 참고할 만한 지침 정도로 가볍게 여겼다. 확실한 근거나 실증 자료가 없는 탓에 153이라는 숫자를 그저 상징적인 의미로만 받아들였다. 더구나 목회자들 입장에서 보면 한국 교회가 너나할 것 없이 성장을 향해 달음질하는 분위기에서 혼자만 이런 해석이나 통찰에 귀를 기울일 수도 없었고 그러고 싶지도 않았던 것이 사실이다.

153이라는 숫자에는 상징적인 의미만이 아니라 실제적인 의미가 있다. 현실적으로 볼 때 150명은 목회자 한 사람이 공동체의 본질을 지키면서 건강하게 목회할 수 있는 성도의 최대 수다. 그래서 나는 21세기 한국 교회가 처한 현실에서 목회자들이 성도 수가 150명을 넘지 않는 교회, 즉 153 교회를 바람직한 교회 모델로 삼아야 한다고 단언한다. 단, 교회 성장이 150명을 넘어서는 안 된다고 주장하는 것은 아니다. 자연스럽게 그리고 건강하게 그 규모를 넘어서는 성장이 있을 수 있다. 이 점에 대해서는 5장에서 자세히 언급할 것이다.

이 책에서 제시하는 153 교회는 세속적 가치에 함몰되어버린 한국교회가 목회의 본질을 회복하고, 나아가 대형 교회의 문제점을 보완하고 해결할 수 있는 실제적인 대안이다. 그래서 나는 요한복음 21장 11절 말씀을 교회 규모의 관점에서 살펴보려 한다. 본문의 전후 맥락을 고려할 때 이러한 해석은 꽤 타당성이 있다.

그럼 지금부터 요한복음 21장 전후에 위치한 성경 본문을 토대로 신앙 공동체, 즉 교회의 적절한 규모가 150여 명인 이유를 살펴보자. 다시 한 번 11절 말씀을 읽어보자.

시몬 베드로가 올라가서 그물을 육지에 끌어올리니 가득히 찬 큰 물고기가 백쉰세 마리라. 이같이 많으나 그물이 찢어지지 아니하였더라.

교부들이 제시한 영혼 구원의 관점에서 보면 그물은 구원의 방주, 즉 교회를 의미한다. 그 그물에 고기가 가득 찼고 찢어지지 않았다는 말은 곧 그 그물에 담을 수 있는 최대치가 153마리라는 말이다. 이것을 교회에 그대로 적용하여 해석하면, 한 교회가 감당할 수 있는 성도의 최대 숫자가 153명이라는 결론이 나온다.

그런데 최대치라면 과연 무엇을 위한 최대치일까? 단순히 건물 수용 인원을 말하는 것이라면 건물을 확장하면 그만이다. 그러므로 여기에서 한 교회가 감당할 수 있는 성도의 최대치라는 말은 곧 교회가 신앙 공동체의 본질을 지킬 수 있는 최대한의 수라는 말이다. 바꿔 말하면, 성도 수가 150여 명이 넘으면 교회가 신앙 공동체의 본질을 지키기 어렵다는 말이다. 나중에 자세히 설명할 테지만 다양한 분야의 학자들이 주장하는 핵심 요지는 공동체 구성원들이 서로를 다 알 수 있는 최대 인원수가 150여 명이라는 점이다. 즉 구성원의 숫자가 150여 명을 넘으면 공동체 안에 서로 모르는 사람이 생긴다는 말이다.

성경 본문의 전후 맥락을 살펴보면 153명이 교회의 공동체성을 지킬 수 있는 최대한의 인원수라고 간주할 만한 정황을 발견할 수 있다. 요한복음을 보면 19장에는 예수님의 고난과 죽음이, 20장에는 예수님의 부활 사건이 기록되어 있다. 특히 20장에는 예수님이 막달라 마리아와 제자들, 그리고 도마에게 나타나신 내용이 기록되어 있다. 그런데 제자들에게 나타나셨을 때 예수님은 다음과 같이 말씀하셨다.

이 날 곧 안식 후 첫날 저녁 때에 제자들이 유대인들을 두려워하여 모인 곳의 문들을 닫았더니 예수께서 오사 가운데 서서 이르시되 너희에게 평강이 있을지어다. 이 말씀을 하시고 손과 옆구리를 보이시니 제자들이 주를 보고 기뻐하더라. 예수께서 또 이르시되 너희에게 평강이 있을지어다. 아버지께서 나를 보내신 것 같이 나도 너희를 보내노라. 이 말씀을 하시고 그들을 향하사 숨을 내쉬며 이르시되 성령을 받으라. 너희가 누구의 죄든지 사하면 사하여질 것이요 누구의 죄든지 그대로 두면 그대로 있으리라 하시니라(요 20:19-23).

예수님은 제자들을 만나서 평강을 두 번이나 기원하시고 제자들에게 "아버지께서 나를 보내신 것 같이 나도 너희를 보내노라"라고 말씀하신다. 이 구절은 어떤 의미에서 목회를 가리키는 말씀이라 할 수 있다. 주님이 이 땅에서 3년간 사역하신 것처럼 제자들을 세상에 보내어 목회하게 하시겠다는 것이다. 그 목회 현장이 바로 교회다. 제자들을 세상에 보내신다는 말씀에는 전도와 선교 등 포괄적인 의미가 담겨 있고, 이를 한 교회를 목회하는 일에 대한 말씀으로 해석할 여지 또한 충분하다.

그런데 주목할 점은 이 말씀을 하시고 바로 이어 "성령을 받으라"라고 말씀하셨다는 점이다. "이 말씀을 하시고 그들을 향하사 숨을 내쉬며 이르시되 성령을 받으라"(22절). 이 구절이 미래의 성령 강림 사건을 가리킨 것인지 그 현장에서 성령을 부어주신 것인지는 확실치 않다. 하지만 '숨을 내쉬었다'라는 표현으로 미루어 당시 현장에서 일어난 사건으로 볼 수 있다. 즉 예수님은 제자들에게 목회의 소명을 주심과 동시에 목회를 할 수 있는 능력도 부어주신 것이다.

제자들이 그물이 찢어질 정도로 고기를 많이 잡게 된 것은 주님이 하신 말씀에 순종한 결과다. 우리는 이 부분을 주님의 특별한 능력에 의한 기적적인 결과로 해석한다. 하지만 꼭 그런 것만은 아니다. 본문을 잘 살펴보면 당시 유대 지방에서 많은 사람이 밤에 고기를 잡으러 나갔고 밤을 새우며 고기를 잡으려 애썼으나 허탕치고 돌아오는 일이 많았음을 알 수 있다.

영국의 전원 풍경에 영국의 힘이 있다고 말했던 영국 여행 작가 모턴H. V. Morton은 어부 두 명이 호수에서 고기를 잡는 모습을 아름답게 묘사하는 글을 썼다. 한 사람이 힘차게 배를 저어가 방울이 달린 그물을 바다에 던진다. 방울이 달린 그물이 물을 때리며 떨어지는 순간 달빛을 머금은 물방울이 출렁이는 광경은 한 폭의 그림과 같다. 그런데 그때 바닷가에 서 있던 다른 어부가 그물을 던지는 어부에게 소리친다. 그물을 왼편으로 던지라고 말이다. 끌어올린 그물에는 고기가 한 가득이었다.

이처럼 호수에서 밤에 고기를 잡을 때는 배에 탄 사람이 호숫가에 있는 동료의 말을 듣고 그물을 던지는 것이 보통이었다. 배 위에서 그물을 던지는 사람은 물 표면에 반사되는 달빛 때문에 물고기가 어디 있는지 잘 보지 못하기 때문이다.

"육지에서 거리가 불과 한 오십 칸쯤 되므로"(21:8)라는 구절에서 우리는 고기를 잡던 제자들의 배가 육지에서 약 90미터 떨어져 있었음을 알 수 있다. 그러므로 주님이 제자들에게 그물을 오른편으로 던지라고 말씀하시는 장면은 물고기가 어디에 있는지 꿰뚫고 있는 주님의 초인적인 능력을 보여주는 장면이 아니다. 당시 호숫가에서 고기를 잡던 어부들이 늘 하던 일을 주님이 하신 것이다. 한 마디로 주님은 고기 잡는 일에 일손을 보태신 것뿐이다. 그 결과 그물에는 물고기가 가득 찼고 모두 153마리였다.

이것은 어떤 의미가 있을까? 150여 명의 성도를 목회하는 것은 상식적인 차원에서 긴밀한 협력만 이루어지면 충분히 가능하다는 말이 아닐까? 사람들이 모여 공동체성을 유지하며 살 수 있는, 상식 차원에서의 목회가 가능하다는 말이다. 물론 긴밀한 협력은 공동체 구성원들끼리의 협력만이 아니라 주님의 인도하심을 따라갈 줄 아는 성숙함도

의미한다.

목회자 한 사람이 목회할 수 있는 교회의 적정 규모가 150여 명이라고 해석할 수 있는 근거는 이어지는 15-17절의 대화에서도 찾을 수 있다. 아침을 먹고 나서 주님은 베드로에게 "네가 이 사람들보다 나를 더 사랑하느냐"라고 세 번이나 물으셨다. 이에 베드로는 "주님 그러하나이다. 내가 주님을 사랑하는 줄 주님께서 아시나이다" 하고 대답한다. 이 대답을 듣고 주님은 베드로에게 "내 양을 치라"라고 말씀하신다. 주님은 베드로에게 양을 기르고 돌보라고 말씀하셨다. 이는 목회와 관련이 깊은 말씀이다.

양을 친다는 것은 성도의 삶 전체를 돌보는 것을 의미한다. 윌리엄 바클리는 '내 양을 치라'는 이 표현에서 바울이나 사도 요한의 사역과 베드로의 사역의 차이를 짚어낸다. 주님이 베드로를 그리스도의 사람들을 기르는 목자로 부르셨다는 것이다. 사도 요한의 사고와 상상력은 다른 어떤 사도도 따라올 수 없을 정도로 뛰어났다. 요한계시록이 이를 잘 보여준다. 그런가 하면 바울은 일생 그리스도를 위해 땅 끝까지 복음을 전하는 전도자의 삶을 살았다. 그런데 베드로는 이들과 달리 한 교회를 목회하는 목회자로 부름을 받았다. 베드로가 "주는 그리스도시요 살아 계신 하나님의 아들이시니이다"(마 16:16)라고 고백할 때 주님께서 "내가 이 반석 위에 내 교회를 세우리니"(18절)라고 말씀하신 것도 이와 같은 맥락에서 이해할 수 있다.

이와 같이 전후 맥락을 살펴볼 때 요한복음 21장 11절에 나온 153이라는 숫자가 목회자 한 사람이 신앙 공동체를 건강하게 목회할 수 있는 최대한의 성도 수라고 해석할 만한 여지는 충분하다.

그럼 이제 집단의 존재 양식과 효율성을 생각할 때 150명이 적정한 규모인 이유를 신경과학, 인류학, 사회학, 경영학적 측면에서 살펴보도록 하자. 그 전에 미리 밝혀둘 것이 있다. 나는 이 책에서 150과 153이라는 숫자를 혼용해서 사용할 것이다. 153은 앞에서 살펴보았듯이 베드로가 잡아 올린 153마리의 물고기에서 나온 숫자다. 나는 이를 근거로 '153 교회' 또는 '153 공동체'라는 용어를 고유명사처럼 사용할 것이다. 그러나 실제로 '153 교회'는 성도 수가 150명이 넘지 않으면서 공동체의 역동성이 살아 숨 쉬는 교회를 의미한다.

150명은 공동체를 이루기에 가장 적절한 규모다. 어떤 종류의 집단이든지 그 집단의 존재 목적과 효율성을 따질 때 150명 정도가 집단의 규모로 가장 적절하다. 여기서 집단의 효율성이란 집단을 건강하게 유지하기 위한 사회관계의 효율을 일컫는데, 사회관계는 인류학적으로 뇌의 전두엽 발달과 깊은 관계가 있다. 따라서 153 공동체의 의미를 사회관계의 관점에서 명확히 설명하기 위해 뇌의 크기와 사회관계의 상관관계를 다룬 연구부터 소개하고자 한다.

뇌의 크기와 사회 지능의 관계

옥스퍼드 대학 인류학 교수인 로빈 던바Robin Dunbar는 인간의 사회성을 설명하기 위해 동물과 인간의 사회 지능을 비교했다. 심리학자들이 말하는 사회적 지능은 지적 지능과 사뭇 다르다. 던바 교수는 인간과 동물의 사회 지능을 비교하기 위해 뇌의 부피를 측정하는 방법을 택했다. 일반 지식에 답을 하는 보통의 지능 검사로는 동물과 인간이 태어날 때부터 지니고 있는 지능을 정확히 측정할 수 없다고 보았기 때문이다. 그러나 단순히 뇌의 부피 총량을 측정하는 것으로는 지능을 비교할 수 없었다. 사실 뇌의 부피로만 따지면 코끼리나 돌고래의 뇌가 인간의 뇌보다 크다. 그래서 생물학자 해리 제리슨Harry Jerison이 신체 표면적에 비추어 뇌의 부피를 측정하는 방법을 개발했다. 그렇게 측정한 뇌의 부피를 비교하자 영장류의 뇌가 가장 컸고 포유류, 조류, 어류, 파충류가 그 뒤를 이었다. 인간의 뇌는 포유류보다 약 아홉 배가 컸다. 이렇게 어떤 종이 다른 종보다 뇌가 더 큰 이유는 그들의 생존 환경이 더 복잡하고 위험하기 때문이라고 학자들은 말한다. 과일을 좋아하는 원숭이의 뇌가 풀을 먹고 사는 양이나 소의 뇌보다 큰 이유는 풀보다 과일을 구하는 것이 더 어려운 탓에 머리 쓸 일도 많고 시력도 더 뛰어나야 하기 때문이라는 얘기다.

그렇다면 사회 지능도 같은 맥락에서 이해할 수 있을까? 1980년대에 접어들면서 학자들은 영장류의 뇌가 다른 종에 비해 큰 이유가 복잡한 사회 행동과 관련이 있다고 밝혔다. 그 대표적인 이론이 바로 '마키아벨리적 지능' 가설이다. 영국의 심리학자 딕 번Dick Byrne과 앤드류 와이튼Andrew Whiten은 영장류의 사회 집단이 다른 종의 집단과 확연히 구별되는 이유는 구성원 간의 상호작용을 통해 아주 복잡한 사회 지식을 활용하는 능력이 있기 때문이라고 주장했다. 원숭이들은 동료 원숭이가 어떻게 행동하는지를 보고 이 지식을 토대로 그와 관계를 맺고 앞으로 그가 어떻게 행동할지 예측한다고 한다. 인간에 빗대어 말하자면, 김 집사와 박 권사가 친구 사이라는 것을 최 권사가 알고 있다면,

김 집사를 찾아가 박 권사 의견에 반대하자고 청하지 않는다는 얘기다. 이와 달리 다른 종들은 사회적 관계를 따지지 않고 자신의 이익만을 생각하는 훨씬 단순한 행동 법칙을 따른다.

집단의 규모가 커지면 사회관계도 그만큼 복잡해지게 마련이다. 영장류의 사회성을 제3자와의 관계를 인지할 수 있는 능력으로 정의하면, 한 집단의 사회관계는 집단의 크기가 커짐에 따라 기하급수적으로 증가한다. 예를 들어, 구성원이 다섯 명인 집단에서 나는 나머지 네 명과 관계를 형성한다. 이 네 사람과 관계를 잘 유지하려면 두 사람씩 네 사람이 형성하고 있는 여섯 개의 관계를 면밀히 살펴야 한다. 스무 명이 모인 집단이라면 나는 열아홉 명과 관계를 맺게 되고, 이들과 관계를 잘 유지하려면 이들 간에 형성된 171개의 관계를 잘 살펴야 한다. 이 계산법에 따르면 집단의 규모가 다섯 배로 증가하면, 나와 사람들과의 관계도 다섯 배로 증가한다. 그리고 나와 제3자와의 관계는 거의 서른 배로 증가한다. 이는 사람들과 관계를 잘 맺으려면 우리가 처리해야 할 정보의 양이 얼마나 많은지 보여준다.

이런 분석은 영장류의 뇌가 큰 이유가 복잡한 사회관계와 관련이 있다는 마키아벨리적 지능 가설을 뒷받침해준다. 그런데 이런 일련의 연구는 동물이 생존하려면 자신이 속한 사회의 변화에 끊임없이 적응해야 한다는 전제에서 출발한 것이다. 내가 속한 집단에 누가 떠나고 누가 새로 왔으며, 누가 누구의 친구이고 누구와 가까운지, 또는 누가 나에게 가장 좋은 친구인지를 살피며 살아가야 한다는 말이다. 인간 사회에서 이런 일은 매순간 일어나며 우리가 살아 있는 한 이런 관계는 영원히 계속될 것이다.

영장류의 사회관계 연구는 교회 공동체와 관련하여 우리에게 중요한 통찰을 준다. 사실상 교회는 사람들과의 무수한 관계 속에서 존재한다. 신앙 원리는 단순하지만 신앙생활은 복잡하다. 인간 자체가 복잡하고 인간관계는 더 복잡하기 때문이다. 그리고 이런 복잡성은 감정을 통해 드러난다. 성도들은 교회 안에서 은혜, 만족, 감사, 기쁨, 헌신 등 긍정적인 감정을 느끼기도 하고 불만, 불평, 원망, 시기, 불안, 두려움, 분노 등 부정적인 감정을 느끼기도 한다. 바로 이런 감정들을 통해 교회 안에 복잡한 관계가 형성된다.

누군가는 칭찬과 인정을 받아 보람을 느끼고, 누군가는 칭찬과 인정을 받지 못해 불평하고 넘어진다. 사람들은 교회 안에서 저 아이는 누구 자식이고, 이 아이 부모는 누구고, 저 사람은 누구랑 친한지, 복잡하고 변화무쌍한 인간관계를 끊임없이 관찰하고 정보를 주고받는다. 하나님께 헌신하는 마음으로 봉사를 자원할 때도 있지만, 때로는 싸우기도 하고 시기하기도 하고 실망하기도 한다. 이 모든 일은 관계로부터 오는 경험이다. 따라서 교회에서 좋은 관계를 유지하려면 자기 내면의 욕구, 상대방의 사회적 지위, 제3자와의 관계, 자신의 권리와 의무, 마음속 상처 등을 모두 고려해야 한다. 이렇게 복잡한 관계가 영적 공동체의 특성을 말해준다고 해도 과언이 아니다. 따라서 우리는 교회에서 맺는 관계가 성숙한 영적 교제가 되도록 사회관계의 역학을 더 깊이 연구할 필요가 있다.

이렇듯 집단 규모와 사회관계의 복잡성은 상관관계가 있다. 그렇다면 사회 지능을 결정하는 뇌의 부피와 집단 규모 사이에도 모종의 관계가 있을까? 흥미롭게도 전두엽의 크기와 집단 규모의 상관관계를 연구한 사례가 있다. 앞에서 소개한 로빈 던바 교수는 사회집단의 크기가 커질수록 그 모임을 유지하기 위해 더 큰 두뇌가 필요하다고 말한다. 1990년대 초에 던바 교수는 원숭이와 침팬지를 비롯한 영장류 30종을 대상으로 뇌의 부피와 집단 규모의 상관성을 연구했다. 그리고 이를 통해 복잡한 사고를 담당하는 대뇌의 신피질이 클수록 알고 지내는 집단의 크기도 커진다는 결론에 이르렀다. 던바 교수는 이를 근거로 사람이 의미 있는 관계를 맺을 수 있는 최대치가 150명이라는, 이른바 '던바의 수'를 발표했다. 150명이 넘는 사람과 관계를 맺으면 형식적인 관계에 머물 수밖에 없다는 것이다. 여기에서 중요한 개념이 바로 사회관계의 '질'이다. 흥미롭게도 던바 교수는 호주, 뉴기니, 그린란드에 사는 원시 부족을 조사하다가 마을의 평균 규모가 150명이란 사실을 알아냈다. 또한 전투의 효율성을 감안한 부대의 인원도 200명을 넘지 않는다는 점도 확인했다.

사회관계와 규모의 상관성

인류학자들은 지난 수세기 동안 소규모 사회를 면밀히 연구해왔다. 수렵시대에는 대여섯 가족이 모여 최소 30-35명의 집단을 이루어 살았다. 이 정도면 자원을 공유하고 함께 힘을 합쳐 사냥을 하기에 적당했다. 원시 부족사회에서 가장 큰 집단인 부족tribe은 대개 1,500-2,000명 정도였으며 이들은 동일한 언어를 사용했다. 그 아래에는 500명 규모의 집단이 있고, 그 아래에는 씨족clan이라는 조금 더 작은 집단이 있는 데 씨족의 규모가 대략 150명 정도였다. 우리가 주목해야 할 집단이 바로 이 씨족 집단이다.

씨족 집단은 대개 의례 기능을 갖추고 있다. 오스트레일리아의 한 씨족은 일 년에 한 번씩 성인 예식을 갖는다. 조상들의 풍습과 영적 세계가 투영된 의식을 치름으로써 집단의 정체성을 강화하는 것이다. 이 의식을 통해 사람들은 씨족 구성원 간의 관계를 파악한다. 누가 누구의 할머니이고 누가 누구의 증손자이며 누구의 조카이고 사촌인지 정확히 파악하는 것이다.

교회라는 신앙 공동체를 이해하려면 150명 규모의 이런 씨족 집단을 연구할 필요가 있다. 150명은 집단 구성원들이 서로 잘 알고 지낼 수 있는 최대 인원이다. 150명 정도면 단순히 서로가 누구인지 아는 데서 그치지 않고 구성원들 사이의 관계와 친밀도까지 파악할 수 있다. 하지만 150명이 넘으면 모르는 사람도 생기고 무관심한 사람도 생기게 마련이다. 공동체에서 소외되는 사람이 생기는 것이다.

인류학적으로 보아도 150이라는 숫자는 참으로 흥미롭다. 150이라는 숫자는 수렵시대와 농경시대의 출산율에 근거하여 한 쌍의 부부가 결혼해서 자녀를 낳고 그 자녀가 또 결혼해서 자녀를 낳는 식으로 4대에 이르렀을 때 가족 구성원을 모두 합한 숫자다. 이는 한 사람이 살아 있는 동안 본인의 경험을 통해 기억할 수 있는 최대 인원에 해당한다.

고고학자들이 주거지역에 관해 연구한 자료에 따르면, 기원전 5000년에 근동지방에 살던 농가 인구가 대략 150명이었다고 한다. 필리핀, 인도네시아, 남미에 있는 현대 원예가 마을도 보통 150명 정도가 모여 산다. 16세기에 오스트리아 티롤에서 살다가 박해를 피해

체코의 모라비아로 이주했던 후터파는 공동 농장을 기반으로 재산을 공유하며 살았는데, 한 공동체의 평균 인원은 100명이 조금 넘었다. 이들은 인원이 150명이 되면 공동체를 다시 분할했다. 150명이 넘으면 공동체를 통제하기 어렵다고 판단했기 때문이다.

사회학자들도 집단 구성원이 150-200명을 넘어서면 조직이 계층화된다고 지적한다. 150명 미만의 집단에서는 사람들 간의 교류가 부드럽고 자연스럽게 이뤄지지만, 150명을 넘어서면 관계를 조율하기 위해 우두머리도 필요하고 법을 집행하는 사람도 필요하다. 이것은 민간 기업에서도 마찬가지다. 직원 수가 150-200명 이하인 회사는 비공식적인 접촉을 통해 조직이 유지된다. 직원들 사이에 개인적이고 인격적인 접촉을 통해 정보 교환이 이루어지는 것이다. 그러나 이보다 규모가 큰 회사에서는 공식적인 관리 체계를 구축해서 각 직원에게 자신의 책임 범위와 보고 체계를 분명히 알려줘야 한다.

사회학자들은 오래 전부터 한 개인이 너무 많은 사회 구성원과 친밀한 관계를 맺는 데는 한계가 있다는 사실에 주목했다. 규모가 아주 크지 않은 마을에서도 이름과 얼굴을 알고 지내는 사람은 소수였다. 당연히 친한 사이는 더 적었다. 사실 사람들의 친분관계를 조사하기란 쉬운 일이 아니다. 그런데 이것을 시도한 유명한 연구가 하나 있다. 이른바 '작은 세상 네트워크'라는 이론이다. 이 개념은 던컨 와츠Duncan Watts와 스티븐 스트로가츠Steven Strogatz 교수가 1998년에 과학 학술지 〈네이처〉에 "작은 세상 네트워크의 집합적 역학"이라는 논문을 발표하면서 세상에 알려졌다. 이들은 1,000명으로 이루어진 네트워크를 생각한 다음 각각의 사람이 바로 옆에 있는 사람 10명과 알고 지낸다고 가정했다. 그러면 이때 네트워크의 모양은 1,000개의 점들이 주변의 점들하고만 규칙적으로 연결된 잘 짜인 구조를 갖게 되고 평균 50단계를 거쳐야 다른 사람과 연결될 수 있다. 그런데 여기에 엉뚱한 곳으로 가지를 뻗은 인간관계를 하나씩 늘리면, 100개 중 하나의 가닥만 다른 지역으로 연결해도 평균 단계가 10분의 1로 줄어든다. 던컨 와츠와 스티븐 스트로가츠 교수는 이렇게 몇 가닥의 무작위 연결만으로 모든 사람에게 쉽게 연결될 수 있는 네트워크를 '작은 세상 네트워크'라고 불렀다.

이 연구 이후에 이 방법을 활용해 서로 얼굴을 아는 사람들의 연결망을 조사하는 연구가 많이 진행되었다. 연구진은 실험에 참여한 사람들에게 이 세상에 실제로 존재하는 특정인에게 메시지를 전달하라고 요청한다. 그러면 실험 참가자는 직장 동료와 친척을 포함한 자신의 인맥을 총동원해 메시지를 최종적으로 전달받을 사람과 자신을 연결해줄 사람을 찾는다. 실험 대상자는 이런 식으로 수십, 수백 개의 과제를 받는다. 그런데 새 과제를 수행할 때는 기존에 접촉하지 않았던 새로운 인맥을 활용해야 한다. 당연히 과제가 주어질수록 활용할 수 있는 인맥은 점점 줄어들고 결국에는 바닥이 나고 만다. 알고 지내는 친구나 일면식이라도 있는 지인의 네트워크가 다 소진되는 것이다.

미국 여러 도시에서 이런 연구를 진행했는데, 신기하게도 한 개인이 알고 지내는 사람 수의 평균이 135명으로 나타났다. 이는 사람들이 잘 알고 지내는 사람들의 숫자가 최대 150명 정도라는 기존 가설을 지지하는 결과다.

효율성과 규모의 관계

집단의 규모와 효율성의 관계를 가장 잘 보여주는 집단이 바로 군대 조직이다. 군대는 상명하복의 명령체계로 커뮤니케이션이 이루어진다. 초창기 군대 규모는 우두머리의 재정 능력에 따라 제각각이었다가 17세기 30년 전쟁 중에 스웨덴의 구스타프 아돌푸스Gustav Adolphus 왕에 의해 재정비되었다. 그는 106명으로 구성된 중대를 기본 전투 단위로 확정했다. 그러나 시간이 지나면서 기관총과 같은 신무기가 등장하고 본부나 의무대 같은 새로운 기능이 군대에 추가되면서 중대 구성 인원도 점차 증가했다. 19세기 말까지 대부분의 육군은 유사한 형태를 취했고 2차 세계대전 당시에는 약 170명 전후로 중대 인원이 고정되었다.

이후 군대 작전 참모들은 전투 부대가 제 기능을 하려면 인원이 200명을 넘어서는 안 된다는 것을 철칙으로 알고 따랐다. 중대 규모로 구성된 집단의 중요한 특징은 충성이 담보된 일대일 접촉을 통해 명령을 보완하거나 잘못된 행동을 바로잡는 것이 가능하다는 점이다. 이보다 규모가 크면 통제가 불가능하고 개인적 차원에서 충성을 기대하기 어렵다. 명령 하달도 개인 간의 신뢰나 충성심이 아닌 위임받은 권한과 자격을 통해 이뤄진다.

민간에서도 소집단의 효율성을 확실히 실현해온 기업이 있다. 1958년에 빌 고어Wilbert Bill Gore가 창업한 고어 사는 '고어텍스'로 우리에게도 잘 알려진 첨단기술 회사로 자산만 수십억 달러에 달한다. 이 회사는 신기술 개발로 매년 10퍼센트 이상의 고성장을 이어가고 있다. 미국의 경제전문지 〈포춘〉에서 선정한 '근무하고 싶은 미국 100대 기업'에 15년 연속 이름을 올리기도 했다.

그런데 고어 사에 다니는 사원들은 특이하게도 직책이 없다. 명함에는 직급도 담당 부서도 적혀 있지 않고 이름과 '구성원member'이라는 글자만 찍혀 있다. 조직 기구표도 없고 예산도 없으며 전략적인 계획도 없을 정도로 조직 구성이 혁신적이다. 고어 사의 이직률은 미국 기업 평균의 3분의 1밖에 안 되고 지난 35년간 연속으로 이익을 남겼다. 고어 사가 이렇게 우수한 기업이 될 수 있었던 것은 다름 아닌 150명의 법칙을 고수한 덕분이다.

빌 고어는 회사를 운영하면서 직원 수가 150명을 넘으면 일을 처리하기 어렵다는 사실을 여러 번 경험했다. 그래서 한 공장의 직원 수를 150명 선으로 유지했다. 새로운 공장을 지을 때도 건물 규모가 1,400평을 넘지 않게 했다. 다시 말해 애초에 150명 이상을 수용할 수 있는 건물을 짓지 않았다. 회사 확장과 관련하여 장기 계획을 어떻게 세우느냐는 질문에 고어는 건물을 지을 때 150대 정도의 차를 주차할 수 있는 공간을 마련하는데, 주차 공간이 부족해 직원들이 잔디밭에 차를 세우기 시작하면 새로운 공장을 지어야 할 때구나 생각한다고 답했다.

150명 이하의 소집단에서는 구성원들끼리 잘 알기 때문에 다른 구성원이 자신을 어떻게 생각하는지가 중요하다. 그래서 "명령이 잘 이행되고 제어하기 힘든 행동도 개인적인 충성심과 인간 대 인간의 직접적인 계약에 근거하여 통제할 수 있다"고 빌 고어는 말한다. 업무 효율을 높이고 일을 추진해나가기 위해 서로 협력하는 과정이 직위나 직급이 아니라 개인 대 개인의 관계를 통해 이뤄진다는 뜻이다.

수백 명이 넘는 조직에 들어갔다고 상상해보라. 같은 부서 안에서도 아는 사람이 많지 않을뿐더러 다른 부서 사람들과 친밀한 관계를 맺는 건 더더욱 기대하기 어렵다. 이는 타 부서의 업무를 이해하는 데도 제약이 있다는 뜻이다. 그러나 150명 이하의 소규모 조직이라면, 소비자가 원하는 제품을 기획할 때 판매부 직원이 생산부 직원을 직접 만나 의견을 전달할 수 있고 관리부나 자금부에도 필요한 내용을 전달하는 데 별 어려움이 없다.

혁신적인 사고로 최선의 노력을 다해 최상의 것을 만들어내려면 조직 구성원들 사이에 협업이 잘 이뤄져야 한다. 그러나 조직 규모가 150명이 넘어가면 그런 긴밀한 협력을 기대하기 어렵다. 버지니아 대학 심리학 교수 대니얼 웨그너Daniel Wegner는 이를 교류 기억이라는 개념으로 설명한다. 교류 기억이란, 자신에게 필요한 내용을 자기 뇌에 저장하는 대신 다른 사람을 통해, 즉 관계를 통해서 기억하는 것을 말한다. 교류 기억은 친밀한 관계에서 더욱 확연히 드러난다. 양말이나 공공요금 고지서가 어디 있는지 아는 건 아내의 몫이고 어떤 주식이 상한가를 칠 것인지 예측하는 건 남편의 몫이다. 최신 스마트폰 사용법은 고등학교에 다니는 아들의 전문 분야다.

인간관계는 서로에게 자신을 노출하는 과정을 통해 발달한다. 자신의 이야기를 나누고 지식과 기억을 공유하면서 관계가 깊어지는 것이다. 그래서 교류 기억은 대개 친밀한 관계에 의존한다. 따라서 구성원들 간에 친밀도가 올라가면 집단의 정보 공유 능력이 현저히 향상된다. 관계 발달이 집단의 책임성을 높이고 그것은 곧 집단의 효율성으로 나타난다.

그러나 이것이 가능하려면 모든 구성원이 서로 동등하다는 의식이 전제되어야 한다. 그래야만 좋은 아이디어가 생길 때 언제든 공유할 수 있다. 우리나라는 조직의 위계질서가 분명한 것이 특징이다. 교회에서는 이 특징이 유독 강하게 나타난다. 그렇다고 무턱대고 위계질서를 없앨 수도 없거니와 없애는 것이 무조건 좋지도 않다. 그러나 위계질서와 권위주의 문화가 교회의 건강한 성장과 성숙을 방해한다면, 신중하게 고민해보아야 한다.

지금까지 우리는 구성원들 간의 관계성과 조직의 효율성을 두루 감안했을 때 150명 정도가 공동체의 규모로 적절하다는 사실을 다각도로 살펴보았다. 한 가지 분명한 것은 집단의 규모가 대형화되고 있는 현대 사회에서도 우리가 맺고 있는 사회 관계망의 크기는 수렵시대의 그것과 크게 다르지 않다는 점이다. 그러면 이제 이를 토대로 150여 명이 모인 소규모 신앙 공동체인 153 교회의 목회 원리에 대해 두 장에 걸쳐 면밀히 살펴보도록 하자.

3

목회자가 훌륭한 설교로 성도들의 영혼을 흔들
어놓을지라도 그 말씀이 관계 속에서 적용되지
않으면 열매를 맺을 수 없다. 목회자와 성도 사이
에 인격적인 만남이 이루어져야 영향을 주고받
으면서 삶의 변화를 이끌어낼 수 있다.

153 교회의
정체성

하나 됨을 경험하는 공동체

앞서 살펴본 대로 150명 정도가 모인 집단에서는 공동체 구성원이 서로 유대감을 가지고 관계를 발전시켜나가는 특징이 있다. 공동체를 아름답게 유지하고 공동체의 존재 의미를 삶 속에서 구체적으로 실현해가는 데 가장 효율적인 규모가 바로 150명이다. 따라서 교회도 150명 규모로 공동체를 이룬다면 신앙 공동체로서 생명력을 유지하고 영적인 본질을 실현해나갈 수 있을 것이다.

이번 장에서는 150명 정도로 이뤄진 153 교회의 목회 원리에 관하여 살펴보고 구체적인 목회 방법을 성경 원리를 토대로 제시하고자 한다. 필자는 이 땅에 존재하는 교회의 정체성과 의미를 구현할 수 있는 최적의 모델이 153 교회라고 믿는다. 153 공동체의 역동성을 신앙생활로 구현할 때 교회가 이 세상의 빛과 소금의 역할을 감당할 수 있을 것이라 확신하기 때문이다.

153 교회의 중요한 특징은 성도들 모두가 서로 알고 지내며 친밀한 관계를 형성할 수 있다는 점이다. 153 교회에서는 개인적인 삶뿐만 아니라 가족 전체의 삶까지도 함께 나눌 정도로 성도 간에 충분한 교제가 이루어진다. 교회 전체가 가족적인 분위기에서 친교를 나눌 수 있다. 이런 친밀한 관계는 영적으로 서로 돕고 나누며 기도해주면서 함께 신앙생활하는 영적 교제를 가능하게 한다.

성도들끼리 나누는 인간적인 친밀함과 신앙적인 관계는 교회 공동체의 궁극적인 목적과 의미를 함께 나눌 수 있게 해준다. 인생의 목적과 방향이 같다는 차원에서 동반자 의식을 공유하고 헌신하게 되는 관계다. 이런 관계의 역동성이 교회 공동체에 아주 큰 유익을 준다. 교회에 심각한 문제가 발생하지 않는 한 성도들은 자연스럽게 믿음 안에서 하나가 되었다는 유대감을 가지고 신앙생활을 계속할 수 있다. 이는 목회자와 성도 사이에 견고한 영적 관계가 형성되고 목회적인 협력이 원활하게 이루어진다는 의미다.

> 그러므로 그리스도 안에 무슨 권면이나 사랑의 무슨 위로나 성령의 무슨 교제나 긍휼이나 자비가 있거든 마음을 같이하여 같은 사랑을 가지고 뜻을 합하며 한마음을 품어 아무 일에든지 다툼이나 허영으로 하지 말고 오직 겸손한 마음으로 각각 자기보다 남을 낫게 여기고 각각 자기 일을 돌볼뿐더러 또한 각각 다른 사람들의 일을 돌보아 나의 기쁨을 충만하게 하라(빌 2:1-4).

위의 말씀에 등장하는 '같이하여' '같은 사랑' '한마음' '합하여' 등의 표현은 성도들이 마음으로부터 하나가 되어야 한다는 의미를 담고 있다. 이는 단순한 수사가 아니다. 관계가 친밀해야만 가능한 하나 됨을 요구하고 있는 것이다. 또한 성경은 온전한 교회 공동체의 모습을 이렇게 표현하고 있다.

> 그에게서 온 몸이 각 마디를 통하여 도움을 받음으로 연결되고 결합되어 각 지체의 분량대로 역사하여 그 몸을 자라게 하며 사랑 안에서 스스로 세우느니라(엡 4:16).

에베소서 말씀은 교회 구성원 모두가 함께 연결되어 있는 상태를 묘사한다. 거리감이 없이 서로 친근해진 이후에야 영적, 신앙적으로 의미 있는 관계로 나아가게 마련이다. 구성원이 하나가 되는 분위기는 영적 훈련과 교육이 자연스럽게 이루어지는 토대가 된다. 신앙교육이나 훈련은 공식적인 과정을 통해 이루어지는 게 아니다. 공동체 생활을 통해 비공식적으로 이루어진다. 그러므로 성도들이 하나가 되면 성경 원리를 단순한 지식으로만 받아들이는 것이 아니라 삶으로 실천하게 될 것이다. 목회자는 설교나 상담 혹은 가르치는 역할을 통하지 않고도 자연스럽게 성도들 가운데서 영적 지도력을 발휘하게 될 것이다. 목회자가 먼저 성도들과의 관계를 견고하게 하면 설교, 상담, 교육의 효과는 올라가게 마련이다. 결국 성도들은 목회자의 목회 활동에 자연스럽게 협조하게 되고 그것을 신앙생활의 기쁨과 보람으로 느끼고 나아가 영적으로 성숙해진다.

여기에서 목회자가 명심해야 할 중요한 원칙이 하나 있다. 153 교회가 이처럼 역동적으로 움직이게 하려면 자신의 목회 방법이나 목회 철학을 전면에 내세우기에 앞서 친밀한 관계를 우선시하는 목회 방식을 택해야 한다는 점이다. 성도 간에 친밀한 관계가 형성되지 않은 상태에서 제시된 목회 철학이 자칫 반대에 부딪히면 목회 사역 때문에 관계 형성에 심각한 타격을 입을 수 있다. 관계 형성에 문제가 생기면 목회도 어려워진다. 따라서 목회자는 목회의 전문성이나 목회 철학을 앞세우기 전에 성도들과의 관계를 탄탄하게 하는 일에 주력해야 한다. 여기에서 관계란 교회에서 이루어지는 일반적인 관계의 차원을 넘어 삶을 함께 나누는 영적 공동체의 일원으로서의 관계를 의미한다.

성도들을 훈련하고 교육하는 일도 관계를 먼저 든든히 한 후에 이루어져야 한다. 목회자가 얼마나 관계 형성을 지혜롭게 하느냐를 보고 목회 능력을 가늠할 수 있다. 요컨대 목회자는 150명의 성도 모두를 하나 되게 한 후에 신앙을 훈련하는 목회 전략을 세워야 한다.

일반적으로 직장, 학교, 군대와 같은 조직은 거의 매일 만남이 이루어진다. 또한 이들은 교회와 달리 개인의 권리와 의무를 법으로 규정해놓은 공동체다. 즉 개인의 이해관계가 개입되기 때문에 자신이 공동체에 투입한 노력과 헌신에 대한 보상을 요구할 수 있고, 조직도 개인에게 그에 따른 의무를 다하도록 요구할 수 있다. 이런 점에서 이들 조직은 교회와는 성격이 다르다. 교회는 보통 일주일에 한두 번 혹은 두세 번 정도 만난다. 교회는 이해관계를 전제로 하는 공동체가 아니라 믿음을 기반으로 하는 신앙 공동체다. 신앙 공동체란 동일한 신앙고백을 토대로 영적 만족을 추구하는 자율 공동체라는 말이다. 이처럼 교회는 헌신의 동기가 일반 사회 조직과 다르기 때문에 공동체의 생리도 일반 조직과 많이 다르다. 가족 전체가 한 교회에 소속되어 있는 경우가 대부분이어서 끈끈하고 복잡한 정서를 가지고 있다. 예를 들어 회사나 군대에서는 부부 문제나 자녀 문제가 조직과 분리될 수 있지만, 교회 공동체는 그런 문제에 깊이 영향을 받는다.

교회는 여러 가정이 모여 이루는 경우가 대부분이라는 점을 감안해서 150명을 150쌍 혹은 150가정으로 확대시키면 어떨까도 생각해보았다. 하지만 그렇게 확장한 공동체가 150명 공동체의 특성을 그대로 유지하면서 목회의 본질을 지켜낼 수 있을지 의문이다.

하지만 현대 교회는 각자 생활하다가 일주일에 한두 번, 혹은 두세 번 모이는 게 전부이므로 규모가 150명을 넘어도 153 교회의 특성이 유지될 수 있을지도 모른다. 즉 아예 같이 사는 게 아니라서 끈끈한 유대감은 덜할지 모르지만 갈등의 여지도 줄어들기 때문에 150명 규모를 탄력적으로 운영해도 무리가 없을 것이다.

실제로 150쌍 부부가 출석한다고 해도 153 공동체의 성격이 충분히 나타난다고 볼 수 있다. 한 쌍의 부부를 통해 관계의 범위가 쉽게 확장될 수 있다. 한쪽 배우자를 통해 그 가정과 관계를 맺으면 나머지 배우자도 자연스럽게 그 가정을 알게 된다. 이 관계는 두 가정에서 그치지 않고 계속해서 확장이 가능하다.

하지만 150쌍의 부부를 한 목회자가 감당할 수 있을지는 의문이다. 한국 교회는 300명 이상이 출석하면 반드시 부교역자를 두기 마련이다. 게다가 자녀들을 목양하는 문제도 무시할 수 없다. 150쌍의 부부와 그 자녀들까지 한 목회자가 맡아 양육하는 건 거의 불가능하다. 그래서 대부분의 교회들이 교육전도사를 따로 두어 교회 학교를 운영한다. 실제로 주일학교는 성도들의 자녀를 유치하는 기능을 할 뿐 자녀들을 영적 공동체로 참여시키지는 못하는 실정이다. 부모와 자녀의 신앙생활이 단절되는 것이다. 이런 목회 구조로는 공동체가 같은 신앙고백으로 하나가 되기 어렵다.

따라서 이론적으로는, 부부와 자녀를 모두 포함해서 공동체의 규모가 150명을 넘지 않을 때 가장 이상적인 공동체의 모습을 기대할 수 있다. 목회 사역은 단순히 공동체를 유지하는 것이 전부가 아니라 예배, 교육, 심방, 각종 경조사 등 대단히 방대한 사역을 감당해야 하기에 150명을 넘는 규모에서는 성도들이 모두 하나 됨을 경험하는 바람직한 공동체의 특성을 유지하기 어렵다.

훈련의 시기와 목적

교회를 개척할 때는 각 교회의 형편에 따라 함께 시작하는 성도의 수
도 다양하다. 153 교회의 특성을 잘 살리려면 처음 시작하는 성도가
몇이든 처음부터 공식적인 훈련 과정을 개설하거나 부서를 조직하지
말아야 한다. 처음에는 목회자가 주일예배를 중심으로 수요예배, 새벽
예배 등 공예배 설교에 집중하는 것이 좋다. 성도 수가 얼마 되지 않는
상태에서 훈련을 시작하고 조직을 꾸리면 공동체에 부담을 주게 된다.
초기에는 성도들과 관계를 맺는 데 에너지를 집중해야 한다. 그렇지
않으면 조직이 경직되어 153 교회의 공동체성을 잃게 될 것이다.

그렇다면 언제부터 훈련을 시작해야 할까? 이것은 공동체 안에서
성도들이 얼마나 활발하게 서로 관계를 맺고 있는지 면밀히 살펴보고
결정해야 할 문제다. 만일 제자훈련을 할 계획이면 훈련을 받을 잠재
인원이 어느 정도 생겼다고 판단될 때 훈련을 시작해야 한다. 처음 훈
련받는 사람은 5-6명 정도가 바람직하며 최대 12명을 넘지 말아야 한
다. 적어도 훈련받는 인원이 교인 전체 수에 비해 너무 많아서는 안 된
다. 훈련받는 사람의 수는 교회가 150명까지 성장하는 기간에 공동체
를 이끌어가는 데 필요한 리더의 수이며, 교회가 더 성장해서 분립하
게 될 때 잠재적으로 필요한 리더의 수까지 생각한 것이다. 교회를 분
립할 때는 훈련받은 5-6명을 반으로 나누어 새로운 공동체의 리더가

되게 한다. 그리고 그때까지는 이 리더들이 일반 성도들을 훈련하는 사역을 감당하게 한다.

목회자는 성도가 조금씩 늘어날 때 그중에서 지도자 역할을 하면서 존경을 받을 만한 사람들을 눈여겨보고 그들을 훈련시킬 준비를 해야 한다. 아무나 데리고 제자훈련을 시작할 수는 없기 때문이다. 예수님 께서도 제자를 부르실 때 한 번 보고 뽑으시기도 했지만 니고데모처럼 이미 봤던 사람도 뽑으셨다. 뿐만 아니라 제자들을 부르시되 적절한 때에 부르셨다. 그러므로 눈여겨보면서 훈련을 받을 만한 사람이라고 판단되면 특별한 관심을 갖고 관계를 형성하는 것이 바람직하다. 성도 에게 훈련을 권면하기 전에 그와 친밀한 관계를 형성할 때 성도는 권 면을 받아들일 준비를 갖추게 된다.

이처럼 지도자 후보들을 훈련해서 공동체의 필요에 따라 그들을 공 식적인 지도자로 세우는 좋은 모범이 생기면 앞으로 이 모범을 따라 훈련과 지도자 선발 원칙이 자리 잡게 된다. 그저 나이나 사회적 지위, 신앙의 연조에 얽매일 필요가 없다. 또한 단순히 투표 등의 형식적이 고 행정적인 절차를 통해 지도자를 세우기보다는 성도들이 마음 깊은 곳에서 존경하고 인정하는 사람을 지도자로 세우는 아름다운 전통이 자리를 잡을 때 153 공동체의 특성이 잘 나타날 것이다.

그렇다면 어떤 훈련을 하는 게 좋을까? 153 교회를 세우기 위해서 는 제자훈련을 선택하는 게 현실적으로 가장 바람직하다. 제자훈련이 다른 프로그램보다 월등하다고 판단하기 때문이 아니다. 사랑의교회 가 제자훈련을 통해 성장했다고 제자훈련을 추천하는 것도 아니다. 153 교회를 가장 153 교회답게 지속할 수 있는 방법이 제자훈련이라고 보기 때문이다. 제자훈련은 소그룹을 중심으로 이루어지기 때문에 구성원들 간에 친밀한 관계를 형성하기에 적합하다. 즉 소그룹에서 각자의 삶을 나누고 하나님의 말씀을 통해 그 삶을 조명하는 경험은 성도 간의 영적 유대를 강화한다. 이런 공동체는 사도행전에 나오는 초대교회와 닮아 있다.

> 그들이 사도의 가르침을 받아 서로 교제하고 떡을 떼며 오로지 기도하기를 힘쓰니라. 사람마다 두려워하는데 사도들로 말미암아 기사와 표적이 많이 나타나니 믿는 사람이 다 함께 있어 모든 물건을 서로 통용하고 또 재산과 소유를 팔아 각 사람의 필요를 따라 나눠주며 날마다 마음을 같이하여 성전에 모이기를 힘쓰고 집에서 떡을 떼며 기쁨과 순전한 마음으로 음식을 먹고 하나님을 찬미하며 또 온 백성에게 칭송을 받으니 주께서 구원받는 사람을 날마다 더하게 하시니라(행 2:42-47).

교회가 제자훈련을 제대로 실천하고 있다면 성경에 나타난 초대교회의 모습과 유사할 것이다. 여기에서 사도들의 가르침을 받고 말씀을 배우는 것도 중요하지만, 153 교회에서는 함께 떡을 떼고 서로 필요를 따라 나누는 모습에 주목한다.

성경은 예수님께서 제자를 부르신 목적을 다음과 같이 말한다. "이에 열둘을 세우셨으니 이는 자기와 함께 있게 하시고"(막 3:14). 주님과 함께 있다는 것은, 곧 주님과 함께 살면서 깊은 관계를 만들어간다는 뜻이다. 주님은 이런 관계를 통해 3년 동안 제자들을 훈련하시고 전도하게 하시고 말씀을 가르치셨다. 한마디로 관계를 바탕으로 훈련하신 것이다. 153 교회를 세워가려는 목회자는 바로 이 점에 주목해야한다. 제자훈련은 교사가 학생에게 지식을 전달하는 식으로 이루어지는 성경 공부가 아니다. 서로 알아가고 이해하고, 그래서 상호 헌신과 사랑이 생기는 관계를 만들어가는 것이 제자훈련의 핵심이다. 물론 말씀의 터 위에서 관계를 맺고 그 관계가 하나님나라를 세우는 일에 온전히 기여하게 해야 함은 두 말할 필요도 없다.

목회자와 성도의 관계

목회자는 목회 과정에서 보통 두 가지 성격의 관계를 형성한다. 하나는 개인적 관계이고 다른 하나는 공식적 관계다. 하지만 이 두 가지가 명확히 구별되지는 않는다. 목사는 성도와 개인적으로 만나더라도 목회자로서 공식적인 입장을 배제할 수 없기 때문이다.

그럼에도 두 관계를 분리해서 다뤄보자. 공식적인 관계는 목회자와 성도가 사역을 통해 맺는 기본적인 관계다. 주로 한 사람의 목회자와 다수의 성도가 공식적인 목회 상황에서 맺는 관계를 말한다. 즉 목회자가 성도들에게 영적인 돌봄을 제공하는 것이다. 한국의 교회 문화에서는 아무리 공식적인 관계로 만나더라도 목회자와 성도가 자주 접촉하면 개인적인 관계가 형성되는데, 이는 지극히 자연스러운 현상이다. 한국 교회에서는 심방 후에 음식을 싸준다든지 심방비나 목회를 위한 도서비나 선물을 건네는 등 개인적인 감정을 자연스럽게 표현한다. 물론 목회자는 이런 감사의 표시가 촌지와 같이 부정적인 요소가 되지 않도록 조심해야 한다. 성도와 개인적인 친밀도를 높이는 기회로 삼는 것 이상이 되어서는 안 된다.

개인적인 관계란 성도의 입장에서 자신이 목사님과 특별한 관계가 있다는 느낌을 갖게 하는 관계를 말한다. 예를 들어 목사가 성도에게 친구처럼 다가가 식사를 하자는 제안을 하거나 작은 선물을 건네는 것이다. 이런 개인적인 관계는 비록 목사와 성도의 만남이지만 친밀감을 느끼게 해준다. 성도가 목회자와 친밀한 관계를 형성하는 것이 자칫 목회자 개인이나 교회 전체적으로 문제가 될 소지는 있다. 목회자의 영적 깊이와 윤리적 성숙이 필요한 대목이다. 만약 성도가 목회자와의 관계에서 느끼는 특별한 감정이 목회자 개인에게만 귀속된다면 그것은 목사의 책임이다. 목회자는 성도가 목사와의 관계에서 느끼는 특별한 감정이 항상 하나님나라와 교회를 위한 헌신으로 이어지도록 인도해야 한다.

목회자가 제자훈련을 하다 보면 훈련을 받는 성도들의 다양한 모습을 보게 된다. 가정환경, 성격, 신앙적 성숙도, 영적 선호도, 헌신의 정도와 방법 등 많은 부분이 각기 다르다. 목회자도 개인적인 취향이 있기 때문에 다양한 성도들 중에서 좀 더 가까워지거나 상대적으로 멀어지는 사람이 생기기 마련이다. 이는 지극히 자연스러운 현상이지만, 목회자는 이 부분에 주의를 기울여야 한다. 앞에서도 언급했듯이 목사 때문에 성도들 간에 갈등이 일어나지 않도록 조심해야 한다. 다시 말해, 비둘기 같은 순결함과 함께 뱀 같은 지혜가 필요하다.

예수님의 열두 제자 가운데도 베드로, 야고보, 요한 등 다른 제자들보다 예수님께 더 인정받는 제자들이 있었다. 베드로는 그들 중에서도 수제자로 인정을 받았다. 겟세마네에서 기도하실 때도 이들 세 명만 데리고 올라가셨다. 목양을 하다 보면 이처럼 더 열심히 헌신하는 사람들이 생긴다. 더 헌신하는 사람에게 중요한 임무를 맡기는 것이 당연하지만, 이 때문에 성도들 간에 시기와 질투가 생길 수도 있다는 사실을 염두에 두어야 한다. 헌신하는 성도나 그렇지 못한 성도나 모두 공동체의 일원이며 누구든 공동체 전체를 위해 존재한다는 사실을 잊지 말자. 성경은 공동체를 유지하는 원리에 대해 이렇게 권면하고 있다.

> 그뿐 아니라 더 약하게 보이는 몸의 지체가 도리어 요긴하고 우리가 몸의 덜 귀히 여기는 그것들을 더욱 귀한 것들로 입혀 주며 우리의 아름답지 못한 지체는 더욱 아름다운 것을 얻느니라. 그런즉 우리의 아름다운 지체는 그럴 필요가 없느니라. 오직 하나님이 몸을 고르게 하여 부족한 지체에게 귀중함을 더하사 몸 가운데서 분쟁이 없고 오직 여러 지체가 서로 같이 돌보게 하셨느니라(고전 12:22-25).

부족한 지체를 더 귀하게 여겨 분쟁이 없게 한다는 말씀을 바꿔 생각하면 뛰어난 사람만 대접받는다는 느낌을 주는 공동체에는 분쟁이 생긴다는 말이다. 153 교회 목회자에게는 잘났든지 못났든지 공동체 일원 모두가 귀히 여김을 받는 분위기를 조성하는 지혜가 필요하다.

153 교회의 핵심 주체 : 목회자

153 교회의 핵심 주체는 담임목사다. 153 교회의 역동성을 유지하는데 있어서 목회자의 역할은 결정적으로 중요하다. 153 교회의 특성을 강조하기 위해서 목회자의 역할을 외적 기능과 내적 기능으로 나누어 설명하고자 한다.

우리는 일반적으로 목사의 역할을 설교자, 교사, 예언자, 상담자, 그리고 당회나 공동의회의 의장 등으로 이해한다. 이는 눈에 보이는 외적 기능이다. 대부분의 목회자들이 자신의 역할을 그런 관점에서 수행한다. 신학교에서도 목회자의 외형적인 역할에 초점을 맞추어 교과과정을 마련한다. 교회도 목회자에게 그런 지식과 전문성을 기대한다. 성도들은 예배나 성경 공부를 통해서 목회자를 만나기도 하고 교회 행정의 최종 결정권자로 목회자를 만나기도 한다. 이는 교회 조직을 유지하는 데 필요한 정적靜的 기능이다.

목회자에 대한 외형적 이해는 목회자의 지위와 권한, 책임과 기능의 관점에서 목회자를 바라보는 것이다. 그래서 목회자와의 관계가 피상적으로 이루어지기 쉽다. 목회자의 지위와 권한과 기능은 목회의 내용을 전달하기 위한 외적 수단이다. 이런 외적 차원의 목회에만 연연하면 목회의 본질을 전달해도 왜곡되거나 피상적인 수준에 머물 위험이 크다. 사도 바울은 목회자가 어떤 마음으로 성도들과 관계를 맺어야 하는지 잘 말해주고 있다.

내가 너희를 부끄럽게 하려고 이것을 쓰는 것이 아니라 오직 너희를 내

사랑하는 자녀 같이 권하려 하는 것이라. 그리스도 안에서 일만 스승이 있으되 아버지는 많지 아니하니 그리스도 예수 안에서 내가 복음으로써 너희를 낳았음이라. 그러므로 내가 너희에게 권하노니 너희는 나를 본받는 자가 되라(고전 4:14-16).

성경은 목회자가 스승이 아니라 아버지의 마음을 품어야 한다고 강조한다. 목회자가 외적 기능만을 인식하면 스승의 자리에 서기 쉽다. 하지만 아버지의 마음을 품으면 관계를 통해 영향력을 발휘할 수 있다. 자신을 본받는 자가 되라는 권면의 말씀도 자기의 외적 영향력이나 지식을 본받으라는 말이 아니라, 목회자와의 관계를 통해 느끼고 깨닫는 바를 따라 행하라는 것이다. 이는 바울이 성도들 앞에서가 아니라 하나님 앞에서 목회자로서 분명한 정체성을 가졌음을 의미한다.

153 교회에서는 목사의 역할과 기능을 공동체 안에서 맺은 관계를 중심으로 바라보는 것이 중요하다. 이 관점은 목회의 본질이 일차적으로 사람과 관련되었다고 전제한다. 하나님이 목회를 주관하시지만 목회는 사람을 통해 하는 일이다. 사람을 세우는 일이고 사람과 사람을 연결하는 일이다. 즉 목회 사역은 사람을 움직여 공동체로서 기능하게 하는 것이다. 이 말은 목회 영역에서 하나님의 섭리와 주권을 배제한다는 의미가 결코 아니다. 사람에게 초점을 맞추는 것이 진정한 하나님의 일이라는 사실을 역설적으로 설명하는 것이다.

하나님의 영광을 위한다고 하면서 사람을 가볍게 여기고 사역의 성패에만 집중하는 교회가 많다. 성경은 사람을 하찮게 생각하지 않는다. 고린도전서에서 바울은 사랑의 은사를 제일가는 은사로 선언한다.

이는 눈에 보이는 은사를 중시하고 어떤 은사가 중요한 은사냐고 논쟁하는 데만 급급했지 정작 하나님을 사랑하고 이웃을 사랑하라는 제일 계명과는 무관하게 살아가는 고린도교회를 향한 경고와 책망이 담긴 메시지다. 하나님을 사랑하는 것은 한 생명을 귀히 여기는 것과 다르지 않다.

> 하나님이 교회 중에 몇을 세우셨으니 첫째는 사도요 둘째는 선지자요 셋째는 교사요 그다음은 능력을 행하는 자요 그다음은 병 고치는 은사와 서로 돕는 것과 다스리는 것과 각종 방언을 말하는 것이라. 다 사도이겠느냐 다 선지자이겠느냐 다 교사이겠느냐 다 능력을 행하는 자이겠느냐 다 병 고치는 은사를 가진 자이겠느냐 다 방언을 말하는 자이겠느냐 다 통역하는 자이겠느냐 너희는 더욱 큰 은사를 사모하라. 내가 또한 가장 좋은 길을 너희에게 보이리라(고전 12:28-31).

고린도전서 12장은 성령의 아홉 가지 은사를 소개한다. 이 은사는 그야말로 교회 공동체를 세우고 성장시키기에 유익한 것들이다. 그런데 아홉 가지 은사를 소개하는 12장 마지막에서 더욱 큰 은사와 가장 좋은 길을 예고한다. 바로 다음 장인 13장은 우리가 아는 대로 사랑에 관한 장이다. 이는 은사가 교회 성장에 도움이 되는 것은 사실이지만 교회가 은사를 넘어 사랑을 실천해야 한다고 말해준다. 153 교회 목회가 사람과의 관계를 강조하는 것은 다름 아니라 사랑을 실천하기 위해서다.

목사의 정적 역할과 동적 역할의 차이를 교육의 본질에 비추어 설명할 수도 있다. 정적 교육은 지식 전달 혹은 외적 기능 중심의 교육이다. 반면에 동적 교육은 사람을 위해 지식을 활용하게 하는 교육을 말한다. 공식적인 교육을 통해 전달되는 지식도 중요하지만, 비공식적 교육을 통해 경험으로 습득하는 지식이 더 중요하다. 습득한 지식이 머릿속에만 머물지 않고 사람의 마음에 전달되어 새로운 변화가 일어나게 하는 것이 교육의 목적이기 때문이다.

목사의 내적 기능은 앞에서 설명한 것처럼 교회가 영적으로 하나가 되어 한 공동체로 움직일 수 있게 촉진하는 기능이다. 이 기능은 신체로 말하자면 핏줄이나 신경과 같아서 몸의 모든 기관이 제대로 기능하도록 돕는다. 이 핏줄과 신경이 제 기능을 다하지 않으면 외적인 기능들은 전혀 작동하지 못할 것이다.

목회자들은 설교, 상담, 교육과 같은 외적 기능 이외에 직간접적으로 성도들과 관계를 맺고 사람들을 다루게 된다. 제직 선발과 훈련, 조직의 일꾼 선출과 관리, 당회 진행 및 운영, 교회 내 모든 기관의 감독 및 책임, 당회원 혹은 부목사들과의 동역 등 외적인 기능을 수행할 때 사람과 접촉하고 대화하고 관계를 형성하는 등의 내적 기능이 함께 이루어진다. 그러므로 목회자가 내적으로 성숙하지 못하면 외적 기능도 감당하기가 어려운 법이다.

그럼에도 목회자의 내적 기능과 외적 기능 사이에는 중대한 차이가 있다. 외적 기능은 목회자가 신학교 교육 과정을 통해 습득한 전문 기능이기 때문에 이 부분에 있어서는 성도들이 권위를 인정하고 수용한다. 하지만 내적 기능은 외적 기능과 달리 목회자가 성도에게 일방적으로 무언가를 공급하는 것이 아니라 목회자와 성도의 상호작용을 통해 이루어진다. 어떤 사안을 결정하는 모임이나 회의에서는 서로 대화와 논의가 오가기 마련이다. 이때 목회자가 관계를 맺고 유지하는 일에 얼마나 능숙한지 그대로 나타난다. 이런 모임에서는 감정을 자극하는 말이 자주 오갈 수 있기 때문에 목회자의 인격이 성숙하지 않으면 관계가 깨질 위험이 다분하다.

> 그러므로 그리스도 안에 무슨 권면이나 사랑의 무슨 위로나 성령의 무슨 교제나 긍휼이나 자비가 있거든 마음을 같이하여 같은 사랑을 가지고 뜻을 합하여 한마음을 품어 아무 일에든지 다툼이나 허영으로 하지 말고 오직 겸손한 마음으로 각각 자기보다 남을 낫게 여기고 각각 자기 일을 돌볼뿐더러 또한 각각 다른 사람들의 일을 돌보아 나의 기쁨을 충만하게 하라(빌 2:1-4).

성도들이 목회자의 설교에 은혜를 받았다고 해서 목회 방침에 무조건 순종하는 것은 아니다. 설교는 인정된 권위를 바탕으로 이루어진다. 하지만 교회의 여러 일을 논의하고 협력하는 과정에서 이루어지는 관계는 그 성격이 다르다. 목회에 관한 입장과 의견이 다를 수 있으며, 특히 논의가 이루어지는 현장에서 감정적 요소가 결정적인 영향을 미치기도 한다. 따라서 목회자는 성도들을 인정하고 존중하며 때로는 권한을 부여해주면서 대화를 이끌어야 한다. 바로 이것이 목회자의 내적 기능이다.

목회자의 내적 기능은 목회자의 성격 혹은 교회의 전통에 따라 다양하게 정의할 수 있다. 어떤 목회자는 '담임목사'라는 공식적으로 위임된 권위를 내세워 권위적인 태도를 고수하기도 하고 어떤 목회자는 합리적이고 객관적인 자세와 상대방에 대한 배려와 존중의 태도를 보이기도 한다. 바로 여기에서 목회 능력의 차이가 드러난다.

목회자의 내적 기능이 중요한 이유는 사람과의 관계에서 감정이 미묘하게 작용하기 때문이다. 대화가 오가고 관계를 맺는 과정은 이성적이고 합리적인 차원에서만 이뤄지지 않는다. 일찍이 영국의 철학자 홉스가 '만인에 대한 만인의 투쟁'이라고 했던 것처럼 인간은 이기적인 존재이기 때문에 어떤 상황에서도 서로 이익이 상충하면 쉽게 적대적으로 변한다. 단순히 물질적인 요구뿐만이 아니라 자존감, 위신, 명예, 수치심, 인정 욕구 등 내면적이고 정서적인 요구에 대한 이해관계가 얽히기도 한다. 특히 이런 요소들은 대화를 주도하는 결정적인 요소이며 교회 공동체에서는 더 강력한 영향력을 발휘한다.

따라서 153 교회 목회자는 내적 기능과 관련된 이해를 증진시키고, 필요하다면 실제적인 훈련을 받아야 한다. 내적 기능을 감당할 때는 목회자의 숨은 동기가 목양 관계에 영향을 줄 수 있다는 사실을 명심해야 한다. 또한 목양 관계에 성도들의 숨은 동기나 욕구도 작용한다는 사실도 염두에 두어야 한다. 목회자가 내적 기능을 감당해야 할 상황을 외적 기능의 관점으로만 접근해서는 안 된다.

목회자는 교회에서 목자, 제사장, 예언자의 기능을 감당한다. 말씀을 증거하고 성찬을 집례하며 상담과 심방 등을 통해 성도들을 돌보는 일은 목회 사역의 기본이다. 목회자는 신학대학교나 신학대학원에서 이런 기본 기능과 관련된 지식을 배우고 훈련받으며 교회에서는 이 기능을 반복적으로 수행한다.

하지만 목회자의 외적 기능은 목회자가 담당하는 전체 역할 중 일부일 뿐이다. 목회자가 설교를 하고 성경을 가르치며 예배를 인도하는 등 보이는 역할에만 치중하면, 전문지식과 자기 권한에 의존하려는 함정에 빠지기 쉽다. 목회 사역을 하기 위해서는 공식적인 권한과 자리가 반드시 필요하다. 하지만 이것에 연연하면 교회가 경직되고 생명력을 잃기 쉽다. 목회 현장에서 성도와의 관계를 통해 마음을 전하는 경험이 결핍되어 공동체가 무미건조해지기 때문이다.

목회는 관계를 통해 사람이 변화되어 하나님나라를 위해 헌신하는 일이 일어나는 사역이다. 이를 위해서는 무엇보다 진심을 나누는 관계가 지속되어야 한다. 그런데 목회자가 공적인 권위만 내세우면서 성도를 대하면 목회가 의무, 규칙, 책임, 기능이라는 형식적인 차원에 머물고 만다. 그러면 성도들도 형식적이고 피상적인 신앙에 머물고 말 것이다. 복음의 생명력은 잃어버린 채 의무와 책임만 남아 성도의 영혼은 율법의 송사로 메마르고 말 것이다.

따라서 목회자는 공적인 신분으로 사역하면서도 마음과 마음을 주고받는 관계를 맺을 수 있는 노련함이 필요하다. 필자는 일전에 기독교 여성 합창단을 예배 시간에 몇 번 초청한 적이 있다. 매번 멋진 공연을 통해 강한 인상을 받았다. 어느 날 나는 그 합창단 단원 중 한 분에게 이런 질문을 했다. "교회에서 봉사하기도 벅찰 텐데 어떻게 시간을 내서 이런 봉사를 하십니까?" 단원은 이렇게 대답했다. "아주 친하게 지내는 권사님이 자꾸 나오라고 성화여서 억지로 나가기 시작했는데, 찬양을 하다 보니 재미가 있어 열심히 참여하다 여기까지 오게 되었습니다."

단순한 책임감만으로는 온전한 헌신에 이를 수 없다. 한 사람이 헌신하기까지 격려하고 기다려주는 '관계'가 일꾼을 세운다. 이런 관계를 중시하는 목회라면 많은 열매를 맺을 것이다.

사람은 만남을 통해 서로 영향을 받는다. 목회자가 훌륭한 설교로 성도들의 영혼을 흔들어놓을지라도 그 말씀이 관계 속에서 적용되지 않으면 열매를 맺을 수 없다. 목회자와 성도, 지도자와 평신도 사이에서 인격적인 만남이 이루어져야 영향을 주고받으면서 삶의 변화를 이끌어낼 수 있다.

우리는 성경을 통해 예수님께서 수천 명의 사람들에게 설교하시는 장면과 함께 수많은 병자를 고치시고 사람들을 개인적으로 만나시는 모습을 본다. 그리고 주님께서는 중요한 사람을 부르시고 헌신을 요구하는 개인적인 관계도 맺으셨다. 예수님은 니고데모에게 그가 무화과나무 밑에 있을 때 보았다고 말씀하셨다. 지나가다가 마태를 비롯해 많은 제자를 부르셨다. 집에 찾아가 함께 식사를 하시며 대화도 나누셨다. 뽕나무 위의 삭개오를 보고는 내려오라고 말씀하시며 그의 집에 머물겠다고 말씀하셨다. 수가성 여인도, 수로보니게 여인도 설교만 듣고 헤어지지 않았다. 그들은 예수님과 개인적인 대화를 나누고 인격적인 교제를 나누었다. 예수님은 우리를 더 이상 종이라 하지 않고 친구라고 하시겠다고 말씀하셨다. 주님께서 사람들을 대하셨던 모습을 보며 바람직한 목회자상을 다시 한 번 생각해보자.

커넥터로서 목회자의 7가지 역할

말콤 글래드웰Malcom Gladwell이 《티핑포인트*The Tipping Point*》에서 '커넥터'라는 개념을 소개했다. 커넥터란 말 그대로 '연결시키는 사람'인데 경영학 분야에서 주로 사용하는 개념이다. 커넥터는 사람과 사람을 연결시키는 역할을 하기 때문에 기본적으로 많은 사람을 알고 있고 인간에 대해서도 잘 안다. 단지 친구가 많다는 표현만으로는 커넥터를 충분히 설명하지 못한다. 커넥터는 '친구가 많다'라는 의미를 새로운 차원에서 조명한다.

말콤 글래드웰은 커넥터가 되기 위한 7가지 습관을 다음과 같이 소개한다. 첫째, 아는 사람을 만들어가는 과정은 자신의 목적을 이루기 위한 것이 아님을 기억하라. 특히 사업 전략의 일환으로 사람들을 수집하지 마라. 둘째, 사람을 사귈 때는 공격적인 자세를 버려라. 셋째, 상대방의 깊숙한 곳에 위치하려고 하기보다는 단순한 관찰자에 가까워지도록 노력하라. 넷째, 진심으로 사람을 좋아하라. 다섯째, 사람들이 자신에게 계속 끌릴 수 있게 교제하고 상호작용하는 패턴을 습득하라. 여섯째, 상대방에 대한 세부적인 사항을 기억하라. 상대방의 이름과 주소, 어떤 상황에서 그 사람을 만났는지 메모하라. 일곱째, 일단 안면이 있는 사람들과의 교제에 따르는 의무를 회피하지 마라. 단, 친하지만 무심한 사회적 관계를 유지하고 무심한 만남을 즐겨라.

이상 7가지 내용을 보면 관계 형성에서 중요한 점, 간과했던 점, 그리고 상식적인 이해를 넘어서는 점들이 포함되어 있다. 그렇다면 이 내용을 어떻게 목회에 적용할 수 있을까?

만남의 효과를 계산하지 마라

첫째, 만남의 효과를 계산하지 마라. 인격적인 순수한 만남, 순례길을 가는 한 영혼에게 진심을 다하는 만남을 추구하라는 말이다. 목회자는 가능하면 성도들을 많이, 그리고 깊이 알고 관계를 맺어야 한다. 하지만 목회의 성공을 위한 수단으로 관계를 이용하려 해서는 안 된다. 관계를 수단으로 사용하는 것은 세속적인 사교술과 다르지 않다. 이런 방식으로 관계를 이어간다면 서로 신앙적인 영향을 주고받을 수 없을 것이다. 하나님나라는 말에 있지 않고 능력에 있다. 영적 지도자라면 화술이나 사교술로 사람의 마음을 사려하기보다는 하나님 앞에서 사람을 대하는 내적 동기를 정직하게 점검해야 할 것이다.

목회자는 목회 현장에서 수많은 사람을 만난다. 심방을 하고 전도를 하며 새신자를 만나고 성도의 친척을 상담하고 외로운 사람을 찾아가고 아픈 사람을 찾아가 위로하고 기도하는 것이 목사의 일이다. 이것은 목회자에게 주어진 사명이자 특권이다.

교회가 성장하고 성도가 많아지면 목회자는 바빠진다. 그러다 보면 마음의 여유를 잃어 사람을 건성으로 대하기 쉽다. 목회자가 사람 만나는 것을 직업으로 생각하는 순간 더 이상 생명력 있는 관계를 지속할 수 없다. 나는 바쁘고 시간이 없는 사람이라는 생각이 마음에 가득하면 누굴 만나도 만남의 질이 현저히 떨어진다. 즉 만남이 한낱 비즈니스로 전락하는 것이다.

실제로 한 대형 교회에서 한 목사가 부임한 지 몇 년 만에 교회가 배가되었다. 그 이후로 목사는 성도들의 이런저런 요구를 들어주겠다고 약속하고 호언장담까지 했다. 그러나 진심 없이 했던 약속이었기에 결국 지키지 못했고, 성도들은 목사를 불신하기 시작했다. 결국, 성도들의 불만이 극에 달해 목사는 교회를 떠나게 되었다. 진심이 결여된 관계는 지속될 수 없다. 목사와 성도의 관계는 인간적인 관계가 아니라 영적인 관계이기 때문이다.

복도를 지나가다 성도와 잠깐 마주친 순간에도 목회자는 그를 진심으로 대해야 한다. 진심은 상대방을 향한 마음이기도 하고, 나 자신에 대한 책임이기도 하다. 어떤 만남의 순간에라도 내 앞에 있는 사람에게 관심을 가지려고 노력하라. 이것이 상대에 대한 진심이다. 하나님께서는 아브라함과 이삭과 야곱에게 네가 어디로 가든지 너와 함께하겠다고 약속하셨다. 하나님은 늘 함께하셨다. 하나님과 동행한 시간은 그 어떤 시간과도 견줄 수 없는 질 높은 시간이었다.

목회자는 늘 만남을 준비해야 한다. 이 준비는 일종의 전략이라고도 할 수 있다. 만나는 사람의 관심사, 직업, 신앙 배경, 사는 곳, 성격, 가족관계 등에 관심을 갖고 자연스럽게 대화를 시작해보라. 한 번의 만남으로 끝날지라도 공을 들이고 진심을 다하라. 만남의 경중을 가려 상대를 대하지 말라는 말이다. 만남을 즐겨라. 이런 태도가 영향력을 발휘하고 상대의 마음을 감동시킨다. 이렇게 상대방의 마음을 열면 격려, 위로, 용기, 소망의 말을 자연스럽게 전할 수 있고, 서로 기도해주는 영적 만남으로 이어질 수 있다.

상대를 굴복시키려는 태도를 버려라

둘째, 상대를 굴복시키려는 태도를 버려라. 일방적으로 목회자의 입장을 내세우거나 가르치려는 태도를 버리고 상대방의 말을 수용하는 자세를 취해야 한다는 말이다. 공격적인 대화는 아무리 동기가 순수해도 상대를 불편하게 한다. 비록 치고 박고 싸우지 않아도 자기가 뜻한 바를 얻어내기 위해 절대 물러서지 않는 태도를 가리켜 우리는 공격적이라고 말한다. 목회자도 성도를 상대하면서 공격적이 될 수 있다. 목회자가 교회 성장에만 급급하면 자신도 모르게 대화의 주제가 교회 출석, 등록, 봉사, 헌신, 헌금 등에 치우치게 된다. 목회자는 자기 관심사만을 대화의 소재로 삼는 어리석은 행동을 하지 않도록 주의해야 한다.

새신자에게 교회에 나오라고 권면하면서 당장 대답을 들으려고 다그치는 태도, 성도가 처한 상황과 어려움을 무시하고 모든 방해를 물리치고 무조건 나와야 한다는 명령조의 설득, 복음을 전하면서 예수님을 영접할 때까지 집요하게 설득하려는 태도 등은 상대방에게 공격적인 느낌을 준다. 상대방이 준비되지 않은 상태에서는 아무리 좋은 의도로 호의를 베풀어도 반감을 사기 쉽다. 목회자의 입장에서 상대방을 위한다고 하는 말이 상대방에게는 목회자가 자기 뜻과 욕심을 관철시키려는 것처럼 보일 수 있기 때문이다. 목회자는 자신이 사람에 대한 욕심과 잘못된 기대를 품을 수 있다는 사실을 늘 명심해야 한다.

대화를 통해 상대방의 의중을 충분히 파악하고 공감하면, 상대방은 절대로 공격적이라는 인상을 받지 않을 것이다. 상대방의 입장에 서서 듣고 말하면 상대방은 자신이 인정과 위로를 받았다고 느낀다.

우리는 복음을 제시하면서 현실적인 계산도 함께 한다. 예를 들어 전도를 해서 성도가 늘면 예배당 자리도 채워지고 헌금 액수도 늘겠지, 하는 유치한 계산이 서기 시작한다. 첫 만남에서 성도를 설득하려 들지 마라. 온전히 헌신하는 성도로 세우기 위해서는 생각보다 긴 시간이 필요하다. 그러므로 여유와 인내를 가지고 성도를 지속적으로 만나야 한다. 의도한 결과를 얻어내려고 공격적으로 다가가 대화를 시도하면 엉뚱한 결말을 볼 수 있다. 다시 한 번 강조하지만, 만남 자체를 즐기는 여유를 가져라.

메시아 콤플렉스에서 벗어나라

셋째, 메시아 콤플렉스에서 벗어나라. 나는 해결자가 아니라 조력자일 뿐이며 함께 있어주는 것이 내가 할 수 있는 최선이라는 겸손한 마음을 가지라는 말이다. 초면에 자신의 마음을 열어 보이고 싶어 하는 사람은 거의 없다. 상담을 자청한 내담자도 마음을 열기가 쉽지 않은 법이다. 인간은 자기 속내를 드러내면 약점을 잡힐까 봐 두려워하기 마련이다. 따라서 자꾸 상대의 사적인 부분까지 알려고 드는 태도는 상대방에게 불쾌감을 준다.

목회자와 성도의 만남은 보통 도움을 주고받는 구도로 이루어진다. 물론 대부분의 경우 목회자가 도움을 주는 편이다. 성도가 구체적인 도움을 요청하는 상황이 아닌 경우에도 그런 구도가 되기 마련이다. 이 상황에서 목회자는 자신이 해결사가 되어야 한다는 착각에 쉽게 빠지는데, 이를 '메시아 콤플렉스'라고 한다. 일종의 직업병이다. 자신이 모든 문제를 해결해야 하고 심지어는 해결할 수 있어야 한다고 생각하는 것이다.

153 교회 목회에서 목회자는 해결자라기보다는 인도자, 보호자, 촉진자다. 목회자는 문제에 대한 해답을 가지고 있는 사람이 아니다. 물론 경우에 따라서는 구체적인 해결책을 제시해야 할 때도 있다. 하지

만 항상 자신이 해결사가 되어야 한다는 생각은 일종의 강박관념이다. 이는 목회자의 정체성을 잘못 이해한 탓이다. 이 강박관념의 저변에는 목회자가 성도의 문제 하나도 해결하지 못하면 권위가 약화될지도 모른다는 두려움이 자리 잡고 있다.

사람들은 하소연을 하면서도 누군가가 해결사를 자처하고 나서면 반기지 않는다. 모든 사람은 자기 문제에 대한 해답을 가지고 있다. 다만 실행할 능력이 없을 뿐이다. 그러므로 문제를 해결해주려고 들기보다는 상대방의 말을 충분히 경청하고 공감하는 자세로 다가가야 한다.

사람들은 도움이 필요하더라도 직접적으로 돕는 방법은 거절하는 속성을 가지고 있다. 자신이 도움을 받아야 하는 존재로 인식되는 순간 자존심이 상하기 때문이다. 따라서 사람들은 간접적인 제안이나 충고를 선호한다. 예를 들면 제3자의 경우를 소개하는 것이다. 그러면 상대는 제3자의 경험에 비추어 자기 상황을 객관적으로 바라보게 되거나 마음에 두고 생각할 수 있다.

목회자가 해결사를 자처하면 성도나 성도의 상황에 대해 섣부른 판단을 하기 쉽다. 목회자에게서 나온 해결책은 불완전할 수밖에 없다. 목회자는 메시아가 아니다. 주님의 양떼를 잠시 맡아 기르는 목동일 뿐이다. 양떼의 주인이 되어 그를 좌지우지하려는 욕심을 버리자. 목회자가 해줄 수 있는 진단과 처방이 있다면 성도와 함께 아파하고 즐거워하는 것이다. 성도와 생사고락을 함께할 때 더 구체적으로 도울 길을 발견할 것이다. 성도의 모습을 있는 그대로 존중하며 돕는 태도, 그것이 성도를 내적으로 성숙하게 만드는 방법이다. 목회자는 해결책을 제시하는 힘 있는 사람으로 군림해서는 안 된다. 성도가 연약하고 부족하고 문제가 많아 보여도 그 사람의 사정을 이해하고 그의 판단과 결정을 존중해야 한다. 이것이 섬김의 기본 자세다.

진실한 친구처럼 다가가라

넷째, 진실한 친구처럼 다가가라. 친한 친구를 만나 편하게 속을 터놓듯 열린 마음으로 상대방을 대하라는 말이다. 아무리 머리가 좋은 사람이라도 노력하는 사람을 이길 수 없다고 한다. 하지만 노력하는 사람은 즐기는 사람을 이길 수 없다는 말도 있다. 사람을 좋아하는 성향은 관계를 형성하는 데 필요한 최고의 자질이다. 목회자도 사람을 좋아하는 자질을 계발할 필요가 있다.

> 그런즉 내 상이 무엇이냐. 내가 복음을 전할 때에 값없이 전하고 복음으로 말미암아 내게 있는 권리를 다 쓰지 아니하는 이것이로다. 내가 모든 사람에게서 자유로우나 스스로 모든 사람에게 종이 된 것은 더 많은 사람을 얻고자 함이라(고전 9:18-19).

목회자가 가진 공식적인 권한과 권위는 성도가 인정하고 따라야 의미가 있다. 즉 목회자는 자신의 권위와 권한을 얼마든지 정당하게 행사할 수 있다. 그럼에도 목회자가 성도와 관계를 맺을 때 권위를 앞세우는 태도는 바람직하지 않다. 목회자가 권위를 내려놓아야 성도들이 목회자를 친구처럼 편하게 만날 수 있다. 물론 성도가 아무리 편하게 느낀다 해도 목회자와 성도 사이에는 기본적으로 거리감이 존재한다. 그 거리감은 어떤 의미에서 필요한 것이기도 하다. 목회자와 성도가 적당한 거리감을 유지하면서도 친근하게 관계를 이어가는 것이 가장 바람직하다.

사회학자인 마크 그래노베터^{Mark Granovetter}는 1974년 보스턴 출신의 전문직 종사자 수백 명을 대상으로 '직장 구하기'라는 주제의 연구를 진행하여 논문을 발표했다. 직장을 구하게 된 경로를 묻는 질문에 개인적인 연고라고 답한 사람이 56퍼센트, 광고가 18퍼센트, 스카우트 등의 공식적인 수단을 통해 구한 사람이 약 20퍼센트였다.

이 연구 결과에서 주목할 부분은 개인적인 연고라고 답한 사람들 대다수가 '약한 유대관계'를 통해 직장을 구했다는 사실이다. '자주' 만난 사람을 통해서 취직한 사람이 16.7퍼센트, '간혹' 만났던 사람이 55.6퍼센트, '어쩌다 드물게' 만난 사람이 28퍼센트에 해당했다. 즉 별것 아닌 것 같은 만남이 실제로는 매우 중요하다는 것이다. 짧게 만나더라도 편하고 진솔하게 만나면 된다. 실제로 짧은 만남을 통해 깊은 인상을 남기기는 어렵다. 그래도 진정성이 있다면 그것으로 족하다. 적어도 헤어질 때 불편함이 없고 다음에 다시 만나자고 해도 거절할 마음이 없는 정도면 된다.

따라서 목회자는 성도와 단지 알고 지내는 정도로 관계를 맺어도 괜찮다. 반드시 깊은 관계를 맺어야 한다는 부담에서 벗어나도 좋다는 말이다. 성도 수가 많으면 성도 모두를 알 수 없을 뿐더러 깊이 알 수도 없다. 이 사실을 인정해야 한다. 하지만 부담 없이 관계를 맺어도 괜찮다고 해서 형식적인 만남이 되어도 좋다는 말은 결코 아니다. 만나는 순간에는 언제나 최선을 다해야 한다. 목회자가 바쁘다는 핑계로 사람을 만날 때, 만나준다는 자세를 취해서는 안 된다. 이는 목회자 자신을 스스로 직업인으로 고착시키는 잘못된 태도다. 이런 태도는 주로 주일에 많이 나타난다. 워낙 바쁘고 정신없이 하루가 지나가니 마음이 조급해지기 마련이다. 하지만 그럴수록 더욱 여유를 가져야 한다. 사람을 만나는 일이 중요한 목회 사역이라는 의식을 가지고 성도들을 진심으로 대해야 한다. 설교에 집중한다는 핑계로 사람 만나기를 꺼려하는 목회자가 종종 있는데, 이는 목회에 대한 이해가 부족한 탓이다. 어쩌면 설교 노트보다 사람 노트가 목회에 더 중요한 역할을 할지도 모른다.

전통적으로 한국 교회 목회자들은 대부분 성도들과 일정한 거리를 유지하면서 목회자로서 권위를 중시하며 군림해왔다. 하지만 이제는 교회 문화가 많이 달라졌다. 목회자에 대한 기대도, 목회자와의 관계도도 달라지고 있다. 요즈음 성도들은 권위를 내세우는 목회자보다는 편하고 인간적인 목회자를 선호한다. 물론 너무 인간적인 모습은 제사장으로서 목회자가 가져야 할 신비감이나 권위를 떨어뜨릴 수도 있다. 이럴 때 우리는 인간적인 목회자와 신비감과 권위가 있는 목회자 중 과연 어느 것이 옳은가, 질문하게 된다. 그러나 이것은 이분법적 사고에서 비롯된 어리석은 질문이다. 영적 지도자의 신비감이 인간적인 면모를 통해 더 부각될 수도 있는 법이다. 다시 말해, 진정으로 사람을 좋아하고 존중하는 목회자, 성도를 편하게 대하며 성도에게 필요한 도움을 주는 목회자가 가장 이상적이다.

목회자의 권위는 성도와의 수직적인 관계를 통해서만 세워지는 것이 아니다. 성도들이 하나님을 향해 마음을 열도록 돕는 것이 진정한 권위다. 목회자는 하나님과 사람 앞에 솔직하고 신실하게 서야 한다.

진실한 만큼, 정직한 만큼 영적 영향력을 행사할 수 있다.

끌리는 사람이 되라

다섯째, 끌리는 사람이 되라. 내가 가진 것 중에 남들이 좋아하는 것이 있다면 그 점에 대해 자신감을 갖고 즐기라는 말이다. 유난히 매력적인 사람이 바로 그런 사람이다. 그와 함께 있는 것이 즐겁고 그가 하는 이야기는 흥미롭다. 이런 사람들의 대화 패턴에는 아주 중요한 특징이 있다. 그들은 자기 얘기를 하면서도 마치 제3자의 이야기를 하는 것처럼, 혹은 재미난 이야기를 들려주는 것처럼 말한다. 상대방에게 직접적인 교훈을 주려 하거나 충고하려 들지 않는다는 말이다. 상대를 직접 겨냥하여 말하면 상대방의 자존심을 건드리기 쉽다는 점을 감안하면 이런 대화 패턴이 매력적일 수밖에 없다. 이는 곧 대화를 즐기며 대화 자체에 집중하기 때문이다.

153 교회 목회를 하려는 목회자는 성도와의 대화에서 가능하면 간접적인 대화를 하도록 노력해야 한다. 이것이 상대방에게 필요한 메시지를 효과적으로 전달하는 방법이다. 성도와 대화할 때도 처음부터 직접적인 메시지로 성도를 금방 질리게 하지 말고 성도의 마음과 생각을 존중하면서 말을 아낄 줄도 아는 겸손한 태도를 지녀야 한다. 이는 성도가 스스로 답을 찾을 수 있도록 기회를 주는 것이다. 사람들은 자기 의견을 말하는 순간 자기 존재를 확인하며 자존감을 느낀다. 일반적으로 목회자는 말을 많이 하려고 하는데, 성도의 말에 충실히 반응하는 것이 더 현명한 처사일 때도 있다.

매력적인 사람은 보통 사람들보다 다양한 방면에 많은 호기심을 보이며 매사에 적극적인 태도를 보인다. 커넥터는 주연이라기보다는 약방의 감초와 같은 조연에 가깝다. 커넥터는 호기심과 자신감과 적극성과 열정을 가지고 열린 사고를 하기에 외골수 같은 주연보다는 조연이 어울린다. 커넥터는 누구를 만나든지 무슨 일을 하든지 결코 소홀히 하는 법이 없고 열린 자세로 받아들인다. 나와 직접 혹은 당장 관련이 없는 일이고 필요하지 않은 일이어도 마음 문을 닫고 관심을 거두는 일이 없다. 사람을 만나고 있는 순간, 혹은 어떤 일을 하고 있는 순간, 즉 '지금 여기'가 가장 중요하다고 생각한다. 이는 목적과 의도를 버리고 만남이나 일 자체를 즐기는 태도다.

153 교회 목회자는 목회 현장에서 중요한 일이 있을 때마다 그 일을 섬길 만한 일꾼을 찾아 일을 맡기는 적극성을 갖춰야 한다. 필요하면 여러 사람을 모아 협력하도록 유도할 줄도 알아야 한다. 사람들을 일에 참여시키는 능력은 매우 중요하다. 일을 맡기고 협력할 사람을 모으려면 사람을 설득할 줄 알아야 한다. 이때 단 한 번의 설득으로 사람들이 순한 양처럼 따라올 것으로 기대하지 마라. 얼마나 잘 설득하는가보다 함께 일할 사람들과의 만남을 즐기고 그들의 존재 자체를 소중하게 여기는 마음이 관계 형성의 기본이 되어야 한다는 사실을 잊지 마라.

사람 노트를 만들어라

여섯째, 사람 노트를 만들어라. 관계를 향상시키기 위해 구체적으로 노력하라는 말이다. 사람에게는 매순간 자신의 존재를 증명하고 싶은 욕구가 있다. 이 욕구는 관계 속에서 상대방의 인정을 기대하게 한다.

따라서 목회자가 성도의 이름을 불러주거나 과거에 만났던 추억을 기억해주면 성도는 자신이 목회자에게 중요한 존재구나, 하고 생각하게 된다. 경우에 따라서는 그 사람의 기호, 취미, 직업, 개인이 처한 상황 등 중요한 사항을 기억해둘 필요가 있다.

이처럼 153 교회 목회자에게는 사람 노트가 필요하다. 자신이 만난 사람이나 성도의 이름과 주소, 어떤 상황에서 그 사람을 만났는지 자세히 적어놓은 노트는 목회에 큰 도움이 될 것이다. 스마트폰도 아주 유용한 도구다. 어느 목회자는 자기가 만난 성도의 이름과 전화번호를 기록할 때 가족의 이름을 함께 입력해놓고 전화가 오면 그 가족의 이름이 자동으로 뜨게 해서 성도들을 관리한다고 한다.

내가 누군가에게 기억되는 건 분명 기분 좋은 경험이다. 기억해주는 사람이 나에게 중요한 사람이고 내가 존경하는 사람이라면 더욱 그럴 것이다.

의무를 회피하지 마라

일곱째, 의무를 회피하지 마라. 153 교회 목회에서 목회자는 적어도 성도 수가 150명에 이르기까지는 모든 성도를 파악하고 있어야 한다. 이를 위해서는 성도들에게 일어난 일을 전부 알아야 하며 필요할 때마다 만나야 한다. 성도들에게는 결혼, 장례, 입학, 졸업, 생일, 질병, 취직, 실직, 입시 결과 등 다양한 삶의 정황에서 축하와 위로와 격려가 필요하다. 성도를 세심히 배려하고 부지런히 돌보는 사역도 관계가 바탕이 되지 않으면 원활히 진행되지 못한다. 공식적인 모임을 비롯하여 전화 통화나 만남을 통해 안부를 묻고 삶을 점검하는 것이 돌보는 사역의 기본이다.

필자는 미국에서 목회할 때 함께 사역하던 전도사님이 성도를 돌보는 모습을 보면서 큰 감명을 받았다. 그분은 당시 연세가 일흔이 다 된 여자 전도사님이었다. 그런데 어른과 아이를 합해 1,000여 명 되는 성도들의 신상과 이름을 거의 다 기억했다. 심지어는 새로 등록한 성도의 이름과 자녀들의 상황도 다 파악하고 있었다. 성도 관리에 대해서는 담임목사도 그분을 의지할 수밖에 없을 정도였다. 그분에게 그 많은 성도를 다 파악하는 비결이 뭐냐고 물었다. 엄청난 비결이 있을 줄 알았는데, 성도들에게 전화로 심방하고 교우 주소록과 등록 자료를 보면서 계속 공부하고 암송하는 것이 전부라고 했다. 영혼을 다루는 목회를 하면서 이 정도의 노력도 하지 않는 내 모습이 부끄러웠다.

목회는 사람을 다루는 직업이다. 한 사람을 하나님의 사람으로 세우고 하나님나라를 위해 헌신하도록 훈련하는 것이 목회의 목표다. 이 목표가 감동적인 설교와 아름다운 찬양이 있는 예배와 은혜로운 성경 공부를 통해 이뤄질 거라는 생각은 착각이다. 그것은 필요조건일 수는 있지만 충분조건은 될 수 없다.

사람은 감정의 동물이기 때문에 인격적인 관계를 통해 존재의 의미를 발견하고 그 의미에 헌신한다. 학자들에 따르면 감정을 통해 전달된 지식이나 정보가 가장 오래 기억에 남는다고 한다. 공산주의 체제가 300년 이상 지속되지 못한 것은 감정을 배제하고 이데올로기를 세뇌시켰기 때문이라고 한다. 반면에 할머니의 무릎에서 들은 옛이야기는 기록되지 않았는데도 입에서 입으로 전해져 천년이 지나도 잊히지 않는다.

성도들에게 영향력 있는 설교자가 되기를 원한다면 먼저 커넥터가 되어라. 목회자가 강단에서 전하는 설교가 성도들에게 영향을 미치려면 목회자와 성도 사이에 개인적인 관계가 형성되어야 한다. 그렇지 않으면 아무리 좋은 설교를 해도 단순한 지적, 정서적 감흥 이상의 영향을 끼칠 수 없다. 그러면 결국 말씀은 성도들의 지적 유희나 정서적 카타르시스의 수단으로 전락하고 만다.

목회자가 성도에게 가장 큰 영향을 끼칠 수 있는 자리는 강단이다. 말씀에는 성도의 삶을 변화시키는 능력이 있다. 하지만 목회자는 강단에 서 있는 시간보다 강단에서 내려와 사는 시간이 훨씬 길다. 강단 아래에서는 설교보다는 관계를 어떻게 하느냐가 더 중요하다. 설교할 때 이상의 지도력을 관계를 통해 발휘할 수 있다. 성도는 청중인 동시에 동역자다. 성도들을 목회를 돕는 동역자로 세우고 싶다면 성도와의 의견 차이를 조절하고, 나아가 성도의 헌신과 열정까지 이끌어내야 한다. 과연 이것이 설교만으로 되겠는가? 목회자가 성도와 바른 관계를 형성하지 못하면 성도는 그저 주는 밥만 받아먹는 어린애로 남을 수밖에 없다.

현대 그리스도인은 늘 바쁘고 피곤하다. 그래서 평일에 만나자고 말하기가 미안할 정도다. 주일 예배 때에만 겨우 만나 인사하고 악수 한 번 하고 헤어지는 성도가 허다하다. 그런데 이런 성도하고 어떻게 동역을 하겠는가? 겨우 직분을 받아 공식적인 회의 때나 잠깐 만나는 사이에 헌신을 얘기할 수 있겠는가? 하지만 목회자는 이렇게 잠깐 만나는 순간에도 성도와의 연결고리를 만들 줄 알아야 한다. 사람 사이에는 많은 말이 오가지만 결국 마음에 남는 말은 딱 한 마디라는 사실을 기억하자. 목회자가 나를 소중히 생각한다는 인상을 심어줄 수 있는 한 마디가 무얼까 고민하는 목회자가 사람을 변화시키고 사람을 세울 수 있다. 153 교회에는 유능한 목회자가 아니라 고민하고 노력하는 목회자가 필요하다.

4

권한은 성숙한 인격에 담길 때 그 힘을 정당하게 발휘한다. 성도의 마음을 인격적으로 다스리는 것이 주어진 권위를 효율적으로 사용하는 가장 현명한 방법이다. 목회자의 영적 영향력이 인격적인 관계를 통해 발휘되는 이유가 여기에 있다.

153 교회의
목회 실천
과제

153 교회 목회의 실제

150명 규모로 교회가 성장하다 보면 평신도 중에 리더 역할을 하는 사람이 자연스레 나타나게 마련이다. 이들은 주로 모이는 일에 힘쓰고 배우는 일에 열심을 내고 성도들과 교제하기를 즐거워하며 교회를 위해 시간과 물질로 섬긴다. 그래서 이들은 성도들의 마음에 친근한 사람, 준비된 일꾼으로 인식된다. 153 교회는 제자훈련을 통해 이런 일꾼을 키워야 한다. 목회자는 리더들에게 뜬금없이 직분을 주기보다는 공동체 안에서 자연스럽게 리더가 될 수 있는 장을 만들어야 한다. 공식적인 직분을 통해 억지로 권위를 부여하는 것이 아니라 그의 삶이 영적 권위의 바탕이 되도록 훈련하는 것이다.

전통 교회에서는 교회의 규율이나 규정을 통해 리더를 세워왔다. 그러다 보니 성도 대부분이 인정하는 인물보다는 나이나 신앙의 연조, 교회 공동체에 대한 외적 기여도 등 보이는 조건을 갖춘 사람이 리더가 되는 경우가 많았다. 물론 그렇게 해도 성도들이 기꺼이 권위를 인정하고 존중하는 리더가 세워질 수도 있다. 하지만 더 바람직한 방법은 성도들 사이에서 누구라도 지도자로 인정할 만큼 성숙한 사람을 리더로 세우는 것이다. 이처럼 성도들이 마음속으로 기꺼이 인정하는 사람을 리더로 세울 때 교회 안에서 영적인 위계질서가 바로 잡히고 열린 의사소통 구조가 만들어진다.

조직을 구성할 때 주의할 점

집단을 관리하기 위해서는 반드시 조직이 필요하다. 하지만 153 교회에서는 공식 조직을 구성할 때도 조심해야 한다. 구성원 전체가 하나라는 공동체 의식과 분위기가 형성되지 않은 상태에서 의결과 집행에 관여하는 조직을 구성하면 교회의 생명력이 약해지고 분위기가 경직될 수 있기 때문이다.

공식적인 조직 구성은 성도들에게 지위와 권한, 그리고 일종의 명예를 부여하는 일이다. 이런 방법으로 조직을 구성하면 분명히 소외감을 느끼는 성도가 생기고 공동체 안에 위화감이 조성될 수 있다. 대다수가 찬성하여 결정한 사안임에도 마음으로 동의하지 못하는 상황이 벌어진다. 그렇게 되면 153 교회의 중요한 가치인 관계가 다 깨져버릴 수도 있다.

자기가 진심으로 인정할 수 없는 사람과 함께 신앙생활을 하고 그의 지도를 받아야 한다고 생각해보라. 그가 공동체 안에서 구성원들과 하나가 될 수 있겠는가? 억지로 교회에 출석하고 늘 하던 대로 모임에 참석할지는 몰라도 마음에 가득한 불만이 어떻게든 표출될 것이다. 성도들과 대화하는 중에, 때로는 의사결정 과정 중에 불만을 표현할 것이고, 이것은 교회 안에서 갈등의 씨앗이 될 것이다. 결국 이 씨앗은 잡초처럼 퍼져서 성도들의 관계를 부정적으로 만들어버린다.

부정적인 관계는 교회의 영적 권위를 손상시킨다. 결국은 성령이 통치하시는 교회의 권위는 허물어지고 사람들의 판단과 주장이 교회를 지배하게 된다. 그러면 교회는 그 즉시 인간적인 집단으로 전락하고 만다. 그래서 서로 원치 않는 상처를 입히게 되고 이 상처들은 교회를 더 심한 갈등과 분쟁으로 몰고 간다. 교회에서 일어나는 큰 사건들만 상처가 되는 것이 아니다. 영적인 권위를 인정하지 못하는 마음에는 사소한 일도 상처로 남는다.

153 공동체의 구성원을 파악하라

150명 규모로 교회가 성장하기까지 목회자가 각 성도를 세밀하게
파악하고 있다면 그는 바람직한 목회자다. 150명 규모라고 해도 목회
자 혼자서 모든 성도를 하나하나 파악하기란 쉽지 않다. 그래서 목회
자는 여러 사람의 도움을 받는다.

먼저, 사모가 목사를 돕는다. 성도들의 상황을 파악하고 그들과 관
계를 맺는 일에 사모가 중요한 역할을 감당한다. 하지만 사모가 공식
적으로 교회 일을 맡아 하기가 쉽지 않은 것이 한국 교회의 분위기다.
그래서 공식적으로 성도를 관계 차원에서 관리하는 일은 권사의 몫이
되곤 한다.

요즘은 한국 교회도 사생활을 중시하는 서구 문화의 영향을 받아서
가정 심방이 거의 사라지는 추세다. 요즘 젊은이들은 친밀하게 관계를
맺어보려고 하면 사생활을 간섭한다고 생각해 거부반응을 보인다. 그
래도 목회자는 현실의 벽을 넘어 성도들과 개인적으로 만날 기회를 만
들고자 꾸준히 노력해야 한다. 적어도 가족들의 신상과 근황은 알아둬
야 할 것이다.

부교역자도 목사를 도와 성도들을 돌보는 역할을 한다. 한국 교회에
서는 성도가 100명만 넘어도 부교역자가 성도들에게 실질적인 목양을
하게 된다. 물론 담임목회자와 부교역자가 서로 신뢰할 때 가능한 일
이다. 부교역자도 성도들을 담임목회자의 마음으로 돌보아야 한다. 혹
시 소외된 성도가 없는지 면밀히 살피는 일은 부교역자의 중요한 임무

다. 제자훈련과 같은 훈련 프로그램이 원활히 진행되도록 돕고 담임목사 못지않게 성도들과 친밀한 관계를 맺고 유지하도록 힘써야 한다. 또한 혼자서 이 일을 떠맡기보다는 사모나 훈련된 권사들과 협력하는 지혜도 필요하다.

사모와 부교역자가 담임목사를 돕겠지만 교회의 미래를 생각한다면 평신도 중에서 성도들을 잘 관리할 만한 일꾼을 세우는 것이 더욱 바람직하다. 리더를 훈련하는 과정에서 목회자는 리더 그룹 안에서도 새로운 관계의 지평이 열리도록 돕는다. 서로 관계가 서먹하면 각자 맡은 일만 할 뿐 진정한 협력이 이루어지지 않는다. 맡은 일은 달라도 모두가 같은 곳을 향해가는 동지라는 의식을 갖도록 훈련하라. 그리고 모든 리더가 하나님나라에 이바지하기 위해 훈련받고 있다는 사실을 인식하도록 공동의 책임의식을 불어넣어라. 이렇게 훈련받은 리더들은 목회자를 대신해서 충분히 성도들을 돌보고 양육할 수 있을 것이다.

개인의 신앙도 공동체 차원에서 접근하라

몇 해 전 비만이 전염병이라는 연구 결과가 나왔다. 믿을 수 없는 결과였다. 학자들은 비만 바이러스나 박테리아가 있는 건 아니지만, 비만인 사람과 가까이 지내는 사람은 비만에 걸릴 확률이 높다고 말했다. 비만인 사람과 친하게 지내면 비만도 그리 나쁘지 않다고 인식하게 되고 비만의 기준이 모호해지면서 비만을 문제 삼지 않는다고 한다. 그러다 보면 결국 식사량 조절에도 느슨한 태도를 보이다 자신도 비만이 되기 쉽다는 것이다.

그런데 비만이 관계에 영향을 받는다는 연구 결과를 넘어서는 또 다른 관점이 있다. 비만이 개인의 도덕적 의지의 문제나 단순히 관계에 영향을 받는 문제가 아니라 사회 시스템의 문제라는 관점이다. 이 관점은 개인이 아무리 의지를 가지고 노력해도 사회 환경이 변하지 않으면 비만에서 벗어날 수 없다고 지적한다. 소파에 꼼짝 않고 앉아 리모컨으로 TV를 조정하고, 주변은 온통 식욕을 자극하는 현란한 음식 광고가 범람하는 사회에서 어떻게 개인의 의지로만 비만을 극복할 수 있겠는가.

20세기 중반에 행동주의 심리학이 등장하면서 개인의 의지력과 책임에서 행동의 동기를 찾기 시작했다. 그래서 개인이 운동이나 식사 조절을 잘 하면 체중 감량에 성공할 수 있다고 믿었다. 물론 이 요인도 무시할 수 없지만 개인의 힘만으로는 극복할 수 없는 사회 구조도 감안해야 한다. 사실 비만은 개인의 문제인 동시에 사회의 문제다.

레베카 코스타Rebecca Costa는 '의지의 미국인'을 대표하는 아이콘 오프라 윈프리를 예로 들어 비만의 요인을 다각적으로 해석한다. 오프라는 의지만 있으면 미국에선 불가능한 것이 없다는 신화의 주인공이 되었다. 그는 여러 차례 체중 감량에 성공하고 다이어트에 관한 책을 내서 엄청난 돈을 벌었다. 그러나 그녀의 체중은 오르락내리락하다가 결국 비만 상태에 머물렀다. 오프라는 이 사실을 공개적으로 밝혔다. 레베카 코스타는 오프라의 예를 소개하면서 비만이 개인의 도덕적 능력으로 감당할 수 있는 문제가 아니라는 점을 지적한다. 즉 사회 구조의 차원에서 접근해야 한다는 것이다.

153 교회 목회도 공동체 관리라는 차원에서 볼 때 사회 구조까지 고려할 필요가 있다. 신앙 공동체를 형성하고 유지하는 것은 개인의 의

지와 성숙도 그리고 성도 사이의 관계 차원에서만 다룰 문제가 아니다. 다각도로 접근해야 한다. 교회는 보통 개인의 신앙 성장을 돕기 위해 여러 프로그램을 제공한다. 모든 프로그램은 신앙 성장이 일차적으로는 개인의 책임이고 이차적으로는 목회자의 책임이라고 말한다. 목회자가 얼마나 세심하게 돌보고 지지하고 격려했는지도 신앙 성장에 중요한 영향을 끼친다. 그런데 이런 시각에서는 결국 한 성도의 신앙 문제가 성도 본인의 책임이 될 수밖에 없다. 결국 목회자의 권면과 가르침을 실천하는 주체는 성도 자신이기 때문이다. 하지만 바람직한 신앙 공동체는 신앙의 문제를 한 개인이나 목회자의 탓으로 돌리지 않는다. 공동체 전체가 이 문제에 책임이 있다고 본다. 교회 밖에는 신앙생활을 방해하는 요인이 널려 있다. 개인이 그 많은 방해 요소를 다 다룰 수는 없다. 공동체가 다각적인 차원에서 신앙생활을 도와주지 않으면 성도는 버틸 수가 없다.

개인의 신앙 문제를 교회 공동체가 함께 책임져야 한다는 접근 방식은 목회에 대한 관점의 변화를 요구한다. 제일 먼저 신앙생활을 방해하는 사회 구조와 문화에 대한 인식부터 새롭게 해야 한다. 교회는 가정환경, 시대적 요구, 직장 생활, 친구 관계, 다양한 미디어를 통해 접하는 세속문화에 어떻게 대처할지 세밀하게 연구하여 신앙생활에 구체적으로 적용할 수 있는 지침을 제공해야 한다. 이 거대한 사회 구조를 가장 효과적으로 다루는 방법은 같은 공간, 같은 환경에서 공동체를 이루며 사는 것이다. 21세기 대한민국에서는 거의 불가능한 대안이지만 말이다. 한국에도 간혹 신앙 공동체를 시도한 예가 있었지만 흐지부지 없어진 공동체가 많았다.

포스트모더니즘 문화에서 자기 삶을 공동체 안에서 노출하기란 쉽지 않다. 한국 교회에도 개인주의적인 신앙 문화가 자리 잡은 지 오래다. 21세기 자유민주주의 사회에서 영적 공동체를 유지하기 위해 교회는 개인의 신앙에 더 입체적으로 접근하려 애써야 한다.

전통 교회에서는 구역이 있어서 나름대로 교회의 공동체성을 유지할 수 있었다. 교회는 구역장을 통해 목회자의 손이 미치지 못하는 성도들까지 돌볼 수 있었다. 하지만 산업화가 진행되고 여성의 사회 진출이 활발해지면서 구역 모임 자체가 힘들어졌고, 그냥 모양을 갖추기 위해 구역이 존재하는 듯하다.

이런 사회적 변화를 감지한 교회들은 지역 중심으로 구역을 편성했다. 하지만 생소한 방식을 꺼리는 성도들의 저항도 만만치 않았다. 어떤 교회는 사역 중심으로 구역을 개편하기도 했다. 사역 중심 소그룹은 자기가 속한 구역에서 맡은 일에 전문성을 가진 사람들이 그룹의 핵심 구성원이 되었다. 당연히 딱히 전문성이 없는 사람들은 사역 중심의 구역 개편을 반기지 않았다.

일찍이 1990년대 말부터 이런 시도가 있었지만 현재 한국 교회의 장년층을 이루는 핵심 세력은 전통적 교회에 익숙하다. 대형 교회는 전통적인 기존 방식을 따르거나 새로운 방법을 시도하는 두 흐름이 공존하고 있다. 전통적인 선교회 모임과 구역 모임이 여전히 존재하는 동시에 관심사별, 은사별 모임도 어느 정도 자리를 잡은 듯하다.

하지만 이제는 여기서 한 발 더 나아가야 한다. 153 공동체를 세부적으로 관리할 새로운 소그룹 모델이 필요하다. 153 교회 목회에서 기존의 지역 중심의 구역 모임은 한계가 있을 것이다. 또한 전문성 중심의 사역도 정착하기는 쉽지 않다. 여기서 우리는 새로운 모델을 생각하면서 외적인 틀과 조직을 먼저 생각하는 습관을 고쳐야 한다. 교회가 공동체성을 유지하면서도 세상을 향한 섬김과 선교의 사명을 어떻게 효율적으로 감당할 것인지를 제일 먼저 고민하자. 이를테면 153 교회가 추구하는 가치를 먼저 확고히 하자는 말이다.

요즘 교회들이 새롭게 시도하는 셀 교회나 가정교회는 나름대로의 가치와 체계를 분명히 갖추고 있다. 어떤 형태, 어떤 이름을 취하든 관계를 중심으로 모인 소그룹이 153 교회에 적합하다. 사역을 논의하는 모임에 사역과 직접 관련이 없는 구성원도 동참시키자. 의사 결정 과정을 공동체 구성원들에게 모두 개방하는 것이다. 바꾸어 말하자면 사역을 위한 모임도 관계 형성을 위한 자리로 활용하자는 말이다. 이를 위해서는 현실적으로 재정, 조직 구성, 사역자 선출 및 훈련 등의 문제를 종합적으로 다루어야 한다. 이에 대한 구체적인 방법론 연구가 활발히 이루어지길 기대한다.

목회 실천 과제 1: 관계 형성

교회에서는 성도들 사이에 크고 작은 갈등이 늘 존재하게 마련이다. 때에 따라서는 한두 사람의 갈등이 교회 전체를 갈등 구조로 몰아가기도 한다. 사회 연결망을 통해 갈등이 확산되기 때문이다. 교회 지도자 그룹인 목사, 장로, 권사들 사이에서 일어나는 갈등이 가장 파급력이 강하다. 지도자 그룹의 연결망은 그 범위가 촘촘하고 넓어서 훨씬 많은 사람에게 말을 옮길 수 있고 어떤 식으로든 더 많은 영향을 끼친다.

이런 갈등의 문제를 다루는 목회자는 무엇보다 내적 안정감을 가져야 한다. 목회자의 내적 안정감은 교회 안에서 갈등이 감정적으로 확산되는 것을 방지하는 방역 시스템과 같다. 조류 인플루엔자가 발생하면 발생 지역 반경 몇 킬로미터 이내에 1차 방역 시스템을 설치하여 이동 차량에 방역을 실시하는 것과 같다. 교회의 갈등도 마찬가지다. 목회자가 갈등을 이해하고 설명하거나 전달하는 과정에서 어떻게 반응하느냐에 따라 갈등이 확산되기도 하고 가라앉기도 한다.

목회자의 내적 안정감은 개인의 성숙도와 관련이 있다. 교회에서 발생하는 갈등에 반응할 때 보이는 감정의 성숙도가 곧 내적 안정감이다. 미성숙한 감정 반응은 주로 갈등에 대한 부정적 이해나 잠재적인 두려움에서 비롯된다. 내면에서 일어나는 감정 변화를 외면하거나 억누르면 언젠가는 폭발하기 마련인데, 이는 남을 비판하거나 정죄하는 신경증적 반응으로 나타나기도 한다.

목회자는 갈등을 새로운 각도에서 바라볼 필요가 있다. 갈등을 성도들의 성숙을 위해 하나님께서 허락하신 훈련 과정이라고 생각하면 좀 더 여유를 가질 수 있다. 문제의 원인을 객관적으로 파악해서 적절한 해결 방법을 모색하는 중에 하나님께 지혜를 구하고 선하게 인도해주시기를 기다리면 어려운 시기를 잘 견딜 수 있다. 누군가가 갈등 상황에서 미성숙하게 감정을 드러내더라도 갈등 중에 숨어 계시는 하나님을 신뢰한다면 감정을 절제할 수 있을 것이다.

목사의 내적 안정감은 갈등 상황에서는 물론이고 평상시 성도와의 관계에서도 같은 역할을 한다. 내적 안정감이 있는 목회자를 만나는 성도는 목회자의 표정과 말투에서 평안함을 느낀다. 그러나 사실 갈등에 대해 긍정적 태도로 성숙한 반응을 보여야 한다는 걸 알면서도 아는 대로 실천하기는 참으로 어렵다. 머릿속에 있는 지식이 심령에 내려와 손과 발을 움직이게 하려면 오랜 세월 동안 심리적으로나 영적으로 성숙해져야만 한다.

동역자 의식을 발휘하라

153 목회에서 담임목사는 부목사와 장로에게 동역자 의식을 가져야 한다. 동역자 의식이란 담임목사나 부목사나 장로가 모두 하나님나라를 위해 동일하게 부름 받은 일꾼이라는 사실을 인식하는 것이다. 서로 동일한 목표를 갖고 동등한 자세로 협력할 때 시너지 효과가 생기게 마련이다. 이 동역자 의식은 창세기 1장에서 생육하고 번성하라는 하나님의 문화 명령에 근거한다. 인간은 이 땅을 다스릴 책임을 맡은 청지기로 부름 받았다.

동역자 의식의 핵심은 협동 정신이다. 이는 각자 능력을 최대한 발휘하되 서로 부족한 점을 보완하려는 자세다. 한국 교회의 목회 문화에서 가장 중요하면서도 가장 부족한 모습이기도 하다. 동역자 의식을 갖지 못하게 방해하는 가장 큰 장애물은 서열의식이다. 사람과 사람 사이에 위아래를 정하는 서열의식은 한국인이 맺는 모든 관계의 근간을 이루고 있다. 이는 한국 사회를 오랫동안 지배해온 유교 문화에서 그 뿌리를 찾을 수 있다.

"감히 누구 앞에서 말대꾸야?" 이 말은 유교 문화의 서열의식과 권위의식을 단적으로 보여주는 말이다. 우리는 어려서부터 가정에서 유교 문화를 경험하며 자랐다. 나이가 관계의 구도를 결정하는 절대 기준이 된 것이다. 나이가 어리다는 것 이외에는 말대꾸를 하면 안 되는 뾰족한 이유를 제시하지 않는 분위기에서 자라왔다. 어떤 점에서는 나이차가 본질적인 문제가 되기도 한다. 하지만 도가 지나쳐 서열의식이 의식 구조에 깊이 자리를 잡으면 문제가 심각해진다. 합리적이고 객관적이고 효율적인 조직 문화를 기대하기 어렵다.

흥미롭게도 우리는 서열의식의 폐해를 익히 알고 경험하면서도 여전히 그 기준을 마음에 품고 산다. 자신이 아랫사람일 때는 나이나 학번이나 군번으로 줄을 세우는 분위기를 지긋지긋해하면서도 막상 자기가 윗사람이 되면 어느 샌가 자기도 줄을 세우고 있다. 교회가 먼저 이 악순환의 고리를 끊는 배려와 존중의 문화를 주도해야 한다. "누구에게 하든지 그리스도께 하듯 하라"고 배우지 않았던가.

우리는 서열의식이 강한 한국 교회에서 동역자 의식을 갖도록 노력해야 한다. 직분이 서열을 결정하는 문화를 개혁하려면 모든 직분이 동등하다는 의식을 먼저 가져야 할 것이다. 이런 의식의 변화가 합리적이고 객관적인 의사소통의 포문을 열기 때문이다.

안타깝게도 한국 교회에는 동역자 의식이 현저히 부족하다. 각자 맡은 자리에 걸맞은 역할과 책임이 있을 텐데 이런 가치가 나이 앞에서는 빛을 잃는다. 그러다 보니 어떤 일을 맡아도 역할이 불분명하고 경험도 무시되며 책임 소재도 애매하다. 서로 동역자라는 의식을 가지면 주어진 역할이나 각자의 견해와 경험을 존중할 수 있다.

동역자 의식을 갖는 것이 한국 문화에서는 지독히도 어려운 일이다. 이처럼 한국 문화에서 윗사람과 아랫사람이 권위주의 구도에서 벗어나지 못하는 이유는 뭘까? 한 마디로 인격이 미성숙한 탓이다. 인격적 미성숙함이란 아랫사람으로부터 쉽게 자존심에 타격을 받는 것을 의미한다. 윗사람은 아랫사람의 미성숙한 태도를 인격적으로 다스릴 수 있어야 한다. 그런데 사실 아랫사람은 정당하고 건전한 태도로 반응하는데 윗사람이 자신의 열등감 때문에 자존심에 타격을 받는 경우가 종종 있다. 아랫사람이 합리적으로 윗사람과 다른 견해를 표현한다든지 혹은 더 나은 의견과 제안을 내놓는 순간 열등감이 밀려오면서 자존심에 상처를 입는다. 그럴 때 윗사람이 자신의 지위나 나이를 내세우면서 미숙한 감정 반응을 보이는 것이 바로 잘못된 권위의식이다.

하지만 한국 교회에서 서열을 아예 무시할 수 없는 이유가 있다. 인격적으로 대하면 상대도 인격적으로 나와야 하는데, 오히려 윗사람을 이용해서 슬슬 책임을 회피하고 불성실한 태도를 보이는 예가 흔하다. 사실 그것이 인간의 악한 본성이다. 따라서 아랫사람이 무책임하고 불성실하게 행할 때 그를 제어할 수 있는 상위질서가 필요하다. 더러는 이를 근거로 인간은 본래 악하니까 아랫사람을 가혹하게 다뤄야 한다고 말하는 사람도 있다. 현실적으로는 일리가 있는 주장일지 모르지만, 이 논리가 권위적인 태도를 고수하는 발판이 되어서는 안 된다.

담임목사에게 부목사와 장로는 목회할 때 가장 필요한 동역자다. 이들과의 관계에 어려움이 생긴다고 해서 가지치기하듯 단호하게 관계를 정리할 수 없다. 지도자 그룹이 건강한 동역자 의식을 가지고 일하려면, 먼저 상대에게 최소한의 예절을 지켜야 한다. 그리고 하나님과 교회를 위한 일을 논의할 때, 최대한 객관적이고 합리적인 태도로 서로를 존중하는 자세를 취해야 한다. 아랫사람의 속내가 훤히 들여다보여도 윗사람은 합리적인 자세로 아랫사람을 대하면서 필요한 업무를 진행하면 된다.

권위적인 태도를 버려라

권한은 공동체의 목표를 달성하기 위해 각 사람에게 주어진 정당한 힘이다. 자기에게 주어진 임무를 수행할 때 필요한 지위와 역할을 지켜주는 울타리인 셈이다. 권한을 부여받은 사람은 책임감과 자부심을 갖게 된다. 사람들은 자기에게 주어진 권한을 행사하면서 보람을 느끼기도 한다. 그런데 권한과 자기 자신을 동일시하면서 주어진 힘을 마음대로 남용하는 것만큼 위험한 일도 없다. 자신의 이익을 추구하거나 자기 존재를 과시하려고 권한을 함부로 사용하는 것이야말로 권위적인 태도다.

권위적인 태도를 부추기는 요인은 동역자 간의 비교의식과 경쟁심이다. 비교의식과 경쟁심에 휘둘리지 않으면 적어도 권위의식에 사로잡히는 일은 없을 것이다. 그런데 비교와 경쟁으로부터 완벽하게 자유로울 수 있는 사람이 있을까? 예수님의 열두 제자도 예수님이 돌아가시기 직전까지 서로 더 큰 자리를 차지하려고 신경전을 별였다. 비교와 경쟁의 부작용을 제대로 처리하지 못하면 목회 자체가 어려워질 만큼 복잡한 일이 생긴다.

공동체에서는 비교와 경쟁을 최소화하기 위해 각 사람에게 기본 권한과 책임을 부여한다. 공식적인 권한과 책임은 모든 구성원이 인지할 수 있다. 그러나 모든 사역이 공식적인 권한과 책임을 부여하는 방식으로 이뤄지는 것은 아니다. 그래서 한 사람에게 주어진 권한이 동역자의 영역을 침범하지 않도록 적절하게 조정할 필요가 있다. 권한과 책임의 문제도 관계를 배제하고 생각할 수 없기에 이 문제를 다루는 데도 인격적인 교류를 중요하게 고려해야 한다. 결국, 공식적인 권한도 권한을 부여받은 사람의 인격적인 성숙을 바탕으로 행사되어야 하는 것이다.

성숙한 사람은 동역자에 대한 비교의식과 경쟁심을 스스로 통제할 수 있다. 내면에서 일어나는 갈등을 제어하지 못하고 동역자와 자주 갈등을 일으키면 그 사람 때문에 공동체의 고유한 특성이 파괴될 수밖에 없다. 예일 대학교의 목회신학 교수인 제임스 디테스James Dittes는 구성원들이 내적으로 준비되어 있지 않으면 공동체가 파괴된다고 말한 바 있다.

권위주의에 대해 연구한 학자들은 권위주의와 신비주의가 교묘하게 결합되어 있는 점을 지적한다. 즉 목회자가 자기 권위를 강화하기 위해 자신이 하나님으로부터 특별한 부름을 받은 존재라는 사실을 은연중에 강조한다는 것이다. 실제로 한국 교회 성도들은 목회자에게 두려움과 비슷한 감정을 느낀다. '하나님의 종'을 대적하다가 하나님께 징계를 받을지도 모른다고 생각한다. 이런 두려움이 지금까지 한국 교회 목회자들의 권위를 보호해준 것 또한 사실이다.

지난 반세기의 역사를 돌아보면 한국 사회에 정당한 권력이 세워진 지는 얼마 되지 않았다. 인정할 수 없는 독재 권력 앞에서 타협하거나 무기력하게 무릎을 꿇는 경우가 많았다. 그런 사회 분위기가 교회에 흘러들어와 일부 지도자들이 영적 권한을 남용하거나 권위적 태도를 고집하면서도 목회를 지속할 수 있었다. 이 땅에서 예수님이 보여주신 모습과는 거리가 먼 리더십이다.

권위주의는 체면이라는 가면을 쓰고 나타난다. 체면은 상처받은 자존감을 가리는 가면이다. 체면이 상했다는 표현을 많이 쓰는데, 정당한 명예나 긍지를 지키지 못한 경우에 쓴다면 몰라도 자신이 미성숙해서 상처를 받아놓고 그렇게 말하는 것은 적절치 않다. 자신의 연약함이 노출되었을 때 체면이 손상되었다고 생각하는 미성숙한 사람은 강자 앞에서 순한 양이 되고 약자 앞에서는 부당하게 분노하는 강자가 되려 한다. 이 얼마나 안타까운 모습인가.

리더십을 위해 융통성을 발휘하라

누군가가 인생은 예술이라고 했다. 인생은 과학이 아니라는 의미로 이 말을 했는지도 모르겠다. 삶은 딱 떨어지는 수학 공식이 아니기에 항상 예기치 못한 상황이 발생한다. 목회도 그렇다. 목회를 잘 하려고 목회학도 배우고 성경도 연구하며 상담 이론과 설교론도 습득하지만 이론대로 되지 않는 게 목회다.

반드시 원칙을 가지고 목회해야 하지만 원칙을 적용할 때는 융통성을 발휘할 필요가 있다. 이론만 고집하다 보면 목회가 경직되기 쉽다. 경직된 목회 현장에서 성도와 건강한 관계를 맺는 건 쉬운 일이 아니다. 경직된 상태로 성도들을 만나면 그 만남은 사역을 위한 도구로 이용될 뿐이다.

공동체에서 전문성과 책임감은 어떤 일을 하든지 꼭 필요한 기본 요건이다. 자기에게 주어진 책임과 의무를 다하지 못하면 좋았던 관계마저 깨지기 마련이다. 그렇다고 관계의 생리를 책임만으로 규정할 수는 없다. 공동체를 유지하기 위해 각자 맡은 바 소임을 다하는 데서 한 걸음 더 나아가 협력관계를 형성해야 한다. 책임과 함께 인간미가 조화를 이루는 것이 건강한 협력관계다.

서로 협력해서 일하다 보면 의도치 않은 결과가 나타나는 경우도 있다. 이럴 때 낙심하거나 성급하게 만회하려고 하기보다는 시간에 맡기고 기다리는 자세도 필요하다. 그 어떤 가치보다 사랑을 이루는 것이 최선이다. 결과보다 과정이다. 미국은 독립 당시에 제정한 헌법을 건국 이래로 한 번도 수정한 적이 없다고 한다. 엄청난 변화의 회오리가 지나가더라도 중요한 가치를 잃지 않으면서 현실에서 그 가치를 녹여내는 운용의 묘가 목회 현장에 꼭 필요한 지혜다.

'3단계 인간관계 법칙'을 항상 명심하라

관계에 관한 어떤 연구에는 '3단계 인간관계 법칙'이라는 내용이 있다. 어떤 사람이 일차적으로 관계를 맺은 사람에게 영향을 미치면 그 사람은 다른 사람에게 영향을 미치고 이 사람이 또 다른 사람에게도 영향을 미친다는 내용이다. 목회자가 자신의 영향력을 발휘할 수 있는 관계의 범위도 3단계 인간관계 법칙의 관점에서 살펴볼 수 있다. 성경에서도 3단계 인간관계 법칙 이론과 맞아떨어지는 권면을 찾아볼 수 있다.

또 네가 많은 증인 앞에서 내게 들은 바를 충성된 사람들에게 부탁하라. 그들이 또 다른 사람들을 가르칠 수 있으리라(딤후 2:2).

이 말씀에 나타난 관계를 연결하면, 바울-디모데-충성된 자-다른 사람들까지 세 단계가 나온다. 바울이 제자인 디모데에게 가르치고, 디모데가 교회의 충성된 사람들을 가르치고, 그 충성된 사람들이 다른 사람들을 가르치는 것이다.

153 목회에서는 공동체의 영적 분위기를 바르게 하고 성도들을 훈련하기 위해 3단계 인간관계 법칙을 체계적으로 활용해야 한다. 일반적으로 목사와 부목사와 장로, 안수집사와 권사, 서리집사를 포함한 일반 성도가 3단계를 이룬다고 할 수 있다.

담임목회자가 가장 먼저 영향을 끼치는 대상은 부목사와 장로들이다. 그런데 담임목사와 부목사의 관계와 담임목사와 장로의 관계는 성격이 다르다. 먼저 부목사와 담임목사의 관계를 보자. 일반적으로는 목사와 부목사 모두 교회에서 사례를 받는 목회자이기 때문에 대부분 일반 조직의 상사와 부하처럼 관계를 맺는다. 인격적인 관계가 아예 배제되는 것은 아니지만 보통 상명하달식의 의사소통 구조를 갖는다. 부목사는 담임목사의 목회 방침을 따르고 협력해야 한다. 그것은 교회 조직의 공식적인 질서이자 의무다. 하지만 인격적인 관계도 소홀히 해서는 안 된다. 서로 신뢰할 만한 인격적 관계가 형성되어 있을 때, 부목사가 담임목사의 뜻에 기꺼이 순종할 수 있기 때문이다.

> 서로 사랑하라. 내가 너희를 사랑한 것 같이 너희가 서로 사랑하라. 너희가 서로 사랑하면 이로써 모든 사람이 너희가 내 제자인줄 알리라(요 13: 34-35).

성경은 주로 인격적이고 신앙적인 관계를 언급하고 권면한다. 사회적 지위나 권위는 사랑의 관계를 이루는 조건이 되지 못한다. 부목사와 인격적인 관계를 유지하느냐 못하느냐 하는 문제는 담임목사에게 달려 있다. 담임목사는 주어진 권한을 정당하게 행사하되 아랫사람을 사랑하는 목자의 마음을 잃어서는 안 된다. 한국 사회는 서구 사회처럼 상사와 부하가 직책만 다를 뿐 인격적으로는 동등하다는 의식이 보편화되어 있지 않다. 게다가 서로 칭찬하고 인정하는 분위기를 어색해하고, 조직에 기여한 정도에 따라 적절하고 합리적인 보상이 이루어지지 않는 경우가 많아서 상사와 부하직원이 서로 신뢰하기가 어렵다. 교회도 크게 다르지 않다. 그래서 목회자도 실력과 함께 인격적인 면에서 부목사에게 존경을 받아야 지도력을 제대로 발휘할 수 있다.

목회자와 장로들의 관계는 한국 교회에서 풀리지 않는 수수께끼 같다. 어쩌면 부목사보다 목회적으로 더 긴밀히 소통해야 하는 그룹이 장로들이다. 목사와 장로는 서로 목양관계이면서도 같은 당회원이다. 목사는 장로를 목양하고 돌보는 입장에 있으면서 당회원으로서 장로와 동등한 지위와 결정권을 갖는다. 물론 목사가 당회장이라는 권한을 앞세워 당회를 장악하는 경우도 적지 않다. 하지만 이는 바람직한 의사결정 구조가 아니다.

목사와 장로도 계층이나 서열을 중심으로 관계를 맺으면 영적 교류가 미미한, 형식적이고 의무적인 관계로 전락할 가능성이 높다. 목사가 설교하고 성례를 인도하고 안수하고 축도하는 직무를 자신의 권위를 행사하는 의미에서 행하면 이 또한 자신의 직무를 권위적으로 이해하는 것이다. 장로도 하나님께서 기름 부어 세운 종이다. 하나님의 기름부음을 받은 종이라는 정체성이 권위를 내세우고 군림하는 빌미가 되어서는 안 될 것이다.

목회 실천 과제 2: 조직 구성 및 관리

1960년 미국 매사추세츠 공과대학의 더글러스 맥그리거Douglas McGregor 교수는 《기업의 인간적 측면The Human Side of Enterprise》이라는 저서에서 인간을 두 가지 유형으로 분류하고 각각을 X이론과 Y이론으로 불렀다. X이론은 인간을 천성적으로 멍청하고 게으르며 일하기 싫어하고 어떤 식으로든 책임을 회피하려 하는 존재로 가정한다. 이런 사람들은 집단의 규칙을 잘 어기고 집단의 비용으로 이익을 챙길 때만 머리가 잘 돌아간다. 창의성이나 창조적인 능력을 기대할 수 있는 사람은 소수에 불과하다.

반면에 Y이론은 인간을 천성적으로 의욕적이며 자신의 능력을 펼치고 발전시키려는 무조건적인 의지를 가지고 있는 존재로 가정한다. 이런 사람들은 자발적인 동기로 무언가를 이루고 성취하며 조건이 제대로 갖추어지면 집단 전체의 안녕을 위해 자신의 능력과 창의력을 모두 쏟아 부어 문제를 해결할 자세가 되어 있다.

닐스 플래깅Niels Pflaging은 X형 인간을 알파형, Y형 인간을 베타형이라고 이름 붙였다. 그리고 어떤 인간관을 적용하느냐에 따라 경영 방식이 근본적으로 달라진다고 주장했다. 그는 저물어가는 산업시대에는 기업들이 인간을 알파형으로 파악했다고 보았다. 경영학의 창시자들로 불리는 테일러, 포드, 슬론 등이 채택한 기업 운영 방식은 모두 알파 모델이다. 프레드릭 윈슬로 테일러Frederick Winslow Taylor는 과학적 경영을 창시한 인물이다. 그의 명저인 《공장관리론Shop Management》과 《과학적 관리법The Principles of Scientific Management》은 경영의 이론적 토대를 마련했다. 그런가 하면 헨리 포드Henry Ford는 분업과 컨베이어 시스템으로 대량 생산 체제를 완성한 인물이다. 그는 직원들의 업무 성과를 높이기 위해 성과급 제도를 도입하기도 했다. 제너럴모터스의 전설적인 경영자 알프레드 슬론Alfred Sloan은 브랜드를 독립시키고 사업 단위를 구분하면서 기업 수뇌부가 모든 것을 제어하는 현대적인 대기업 시스템을 처음으로 고안했다. 전문 분야 책임 경영인 제도도 그가 도입한 것이다.

앞에 소개한 기업가들은 획기적인 경영 기법으로 20세기 기업 문화를 이끌던 전설적인 인물들이다. 하지만 21세기 들어와 기업 환경이 바뀌고 사회가 복잡해지면서 20세기를 주름잡던 경영 방식으로는 기업을 이끌어나갈 수 없게 되었다. 기업 운영 방식을 바꿀 때가 된 것이다. 닐스 플래깅은 기업 운영 방식이 성과 중심에서 사람 중심, 관계 중심으로 바뀌어야 한다고 주장한다.

맥그리거는 알파형 인간은 실제로 존재한 적이 없다고 말했다. 인간을 어리석고 게으르게 보는 인간관은 잘못 되었다고 지적했다. 그렇다면 왜 이제까지 알파형 모델이 놀라운 결과를 나타냈을까? 이는 "알파 모델은 알파형 인간관을 믿을 때만 작동한다"는 원리 때문이다. 사실과는 무관하게 자신이 가진 신념을 따라 현실을 그렇게 만들어간다는 말이다. 이는 자기 중심의 자기 확신이라 할 수 있다.

어떤 사람이 자신의 의지에 따라 해가 떠오른다고 확신한다 치자. 그는 매일 아침 자신의 의지를 확인할 수 있다. 해가 떠오르는 것을 보면서 자기 확신은 더욱 견고해진다. 하지만 이 확신은 객관적인 증거가 될 수 없다. 그래서 그는 자기 확신이 옳다는 사실을 반증하려 한다. 즉 아침에 해가 떠오르기를 더 이상 원치 않는 것이다.

하지만 다음 날 아침에도 해는 어김없이 떠오른다. 이때 이 사람의 마음속에서는 매우 흥미로운 일이 일어난다. 그는 반증 가능성을 의심하면서 오히려 처음 믿음을 더욱 견고하게 만든다. 즉 자신이 무의식적으로 해가 솟아오르기를 원했던 것일 수도 있다고 생각하는 것이다. 아니면 다른 누군가가 해가 떠오르기를 원했을 수도 있다고 생각한다. 그래서 결국은 자신의 의지로 해가 떠오른다는 믿음을 결코 버리지 못한다. 한 마디로 믿고 싶은 대로 사실을 해석하는 것이다.

알파 모델에 따라 경영을 하는 기업가들은 알파형의 인간이 실제로 존재하지 않는다 해도 그렇게 경영한다. 종업원들이 스스로 목표를 세울 줄 모르기 때문에 목표를 세워주어야 한다고 생각한다. 무엇을 해야 하는지도 모르기 때문에 지도해주어야 한다고 단정한다. 지시를 내린 후에 과제를 제대로 실행했는지를 감독한다. 그때 경영자는 '지시와 통제가 제구실을 하는구나!' 하고 확신한다.

알파 모델을 따르는 경영 방식의 문제점은 종업원들에게 자율적이고 책임감 있는 행동을 기대할 수 없다는 점이다. 종업원들은 오로지 지침과 지시와 명령에 따라서만 행동하기 때문이다. 경영자가 그런 방식을 요구하고 그런 방식으로 직원들과 관계를 맺는다면 어느 누구도 위험을 감수하려 들지 않는다. 결과는 기업의 성과가 줄어드는 것으로 나타난다. 이럴 때 알파 모델의 경영자는 더 많은 지도와 감시가 필요하다는 확신을 재확인한다. 경영자는 자신만 베타형이고 직원들은 모두 알파형이라고 생각한다. 이 생각이 경영자들을 스스로 영웅주의에 빠지게 만든다. 그리고 경영자는 구원자로서의 존재감을 과시한다. 이 상황이 되면 직원들은 힘써 일해야 할 이유를 찾지 못한다. 그 기업은 이런 악순환 속에서 유지된다.

이런 기업은 관료주의에 빠지기 쉽다. 관료주의는 폐쇄형 시스템이다. 경직되어 있고 개인의 능력이 제대로 발휘되지 못한다. 직원과 상사의 의존관계가 확고하고 포괄적이다. 상호의존성이 확고한 조직은 적당주의가 판치는 무사안일주의 공간이 되어버린다. 폐쇄적인 조직은 내부에서 외부 고객을 볼 수 없다는 한계가 있다. 고객과 중요한 관계를 맺은 사람은 오직 상사뿐이기 때문에 고객의 필요는 모른 채 상사의 요구에 맞추다 보니 항상 단기 목표 달성만 생각한다.

관료주의의 전형적인 문제 가운데 하나가 책임전가다. 윗사람이 시키는 일을 했기 때문에 결과는 내 책임이 아니라 시킨 사람의 책임이라는 변명이다. 그래서 책임을 회피하기 위해 주어진 일만 하게 된다. 그리고 정해진 목표만 바라보고 일한다. 정해진 목표, 주어진 업무 영역을 벗어나는 행동은 쓸데없는 짓으로 치부한다. 결국 관료적인 조직은 기계적으로 지시를 따르는 안일한 인간형을 양산할 수밖에 없다.

"책임의식은 자유로운 행동과 더불어 찾아온다." 이것이 조직 구성원에 대한 올바른 이해다. 결국 한 조직의 성공과 발전은 과정을 통제하는 것으로는 이룰 수 없다. 물론 이런 방법이 효율적일 때도 있다. 하지만 인간의 창의성과 자율성을 억누르는 조직은 일정 기간 존속하겠지만, 환경의 변화에 적응하지 못하여 도태될 것이다. 미국 항공업계의 최근 상황을 들여다보자. 유가가 오르면서 대형 항공사들이 도산했다. 그러나 사우스웨스트항공은 장기 불황과 고유가로 인한 위기 속에서도 흑자를 유지했다. 사우스웨스트항공은 현장에서 고객을 직접 상대하는 직원들에게 회사의 중요 사안을 결정할 수 있는 권한을 준다. 이 때문에 직원들은 주인의식을 가지고 일한다.

애덤 스미스Adam Smith는 산업시대가 도래하기 훨씬 전에 이미 분업이 노동을 단순한 활동으로 축소하고 사람들의 이해력에 부정적인 영향을 미치며 결국은 지성을 갈고 닦을 기회를 잃어버리게 만든다고 지적한 바 있다. 그런가 하면 닐스 플래킹은 《언리더십Un-Leadership》에서 이제까지의 경영 방식이 노동을 죽이고 죽은 노동이 사람들을 멍청하게 만든다고 주장한다. 의식적으로든 무의식적으로든 직원들에게 위계질서를 강요하고 권력에 복종하도록 만들면 기껏해야 관료주의, 경직된 조직 구조, 의욕 상실을 초래할 뿐이라고 말한다.

한국 교회는 경영의 관점에서 관계성을 바라본 이런 이론에 귀를 기울일 필요가 있다. 특별히 대형 교회의 문화와 문제점을 객관적으로 이해하는 데 많은 도움이 될 것이다. 한국 교회는 교회를 지배하고 있는 관료주의, 통제와 억압, 책임회피와 책임전가 및 무사안일주의 등의 풍조를 솔직하고 진지하게 논의해야 한다. 동시에 자유, 자율성, 책임, 창의성의 문화를 목회 사역에 어떻게 도입할 것인지 심도 있게 연구해야 한다.

한국에는 알파형 인간의 조직 문화가 팽배하다. 유교식 권위주의와 군사문화가 오랫동안 공동체를 지배했다. 누구나 이런 문화에 깊이 물든 채 살아왔기에 아무도 여기에 의문을 제기하거나 반론하지 않았다. 그러나 한국 교회가 살아 계신 하나님 앞에서 성숙한 영적 공동체를 이루려 한다면 목회자부터 자율성과 책임감, 창의성이 주도하는 문화를 만들어가야 한다.

목자의 역할을 최우선으로 삼아라

한국 교회에서 담임목회자는 아주 중요한 위치와 역할을 담당한다. 지난 50년 동안 한국 교회가 폭발적인 성장을 이루면서 그 공로는 모두 담임목회자에게 돌아갔다. 그 결과 담임목회자에게 목회에 필요한 모든 권위와 결정권이 주어졌다. 여기에는 목회자를 존경하고 목회자의 권위에 무조건 순종하는 풍조도 한몫했다.

교회 성장 시대에 형성된 목회자 중심의 목회 구조는 성장이 둔화되고 감소하기 시작하면서 많은 문제점을 드러냈다. 지금 한국 교회에 나타난 수많은 문제들의 중심에는 모호한 정체성을 가지고 권한을 남용한 목회자가 있다. 한 공동체에서 한 사람에게 권한이 집중되면 그 사람도 타락하고 조직도 부패하게 마련이다. 이런 현상은 역사적으로 늘 반복되었다. 따라서 이제 한국 교회는 담임목회자가 자신의 정체성을 바르게 이해하고 자기 역할을 분명히 하고 투명하게 권한을 행사하게 하면서 잘못된 목회 관행을 고쳐나가야 할 것이다.

153 교회는 대형 교회처럼 CEO형 목회자를 추구하지 않는다. 153 교회의 목회자는 한 마리의 양을 귀히 여기는 목자, 공동체 전체의 존경을 받고 동역자들에게도 애정 어린 조언을 할 수 있을 만큼 인격적으로 성숙한 목회자를 지향한다.

한국 교회가 폭발적으로 성장하면서 목회자는 신앙 공동체의 목자라는 정체성을 상실했다. 자신을 목회 전문가나 당회와 제직회, 공동의회의 최고결정권자 정도로 이해한다. 주일에 성도들을 감동시킬 설교를 준비하거나 당회를 통해 의결하는 일이 가장 중요한 목회 사역이라고 생각한다. 그 외의 사역은 당연히 부목사들이 해야 할 일이라고 믿는다. 이제 담임목회자에게 성도들을 돌보고 기도하는 일은 하찮은 사역이 되어버린 듯하다.

목회를 하다 보면 시대적 요청에 따라 교회 밖에서 세상의 다양한 현안들을 다루고 외부 활동에 참여해야 하는 상황이 생기기 마련이다. 153 교회도 교회 밖의 여러 현안들을 다루는 목회를 지지한다. 하지만 교회는 '활동' 이전에 '존재'로서 책임을 감당하는 것이 우선이다. 주님께서 우리를 이 세상의 빛과 소금이라고 하신 말씀의 의미를 존재론적 관점에서 먼저 이해하는 것이다. 즉 153 교회 목회자는 신앙 공동체를 인도하고 유지하는 목자로서의 정체성과 역할을 최우선으로 삼는다. 따라서 그 일차적 책임을 등한시하거나 뒤로 미루는 목회 활동은 인정할 수 없다.

교회 밖에서의 활동은 교회 공동체 전체가 함께 활동하는 방식을 택하는 것이 좋다. 부목사나 성도들 중에서 전문성을 가진 사람들로 하여금 그 사역을 감당하게 하는 것이다. 교회 밖의 활동은 반드시 담임목사가 해야 한다는 견해는 관료주의적 관점에서 교회를 바라보는 구태의연한 생각이다.

한국 교회에 목회자는 많지만 수도자는 없다는 어느 신학자의 지적이 마음을 울린다. 목회자가 수도자의 삶을 살지 않으면 전문 기능인에 머물고 만다. 영혼들에 대한 목자의 책임은 그 어떤 이유로라도 회피할 수 없다. 아무리 존경받고 능력 있는 사회인이라도 아버지로서 역할을 면제받을 수 없는 것과 같은 이치다. 목자의 책임을 등한시할 때 목회자는 알게 모르게 세속화의 길을 걷게 된다. 세속화는 목회자의 능력이 절제되지 않을 때도 진행된다. 성장이 교회의 절대적이고 유일한 목표가 될 때 목회자의 영적 감각은 무뎌지고 교회의 본질적인 가치도 왜곡되는 법이다.

교회 안에 들어온 염소를 다루는 방법

153 교회를 성숙하게 세워나가기까지 교회 안에는 예외 없이 공동체에 방해가 되는 사람들이 들어오게 마련이다. 그럴 때 이들을 어떻게 목회할 것인가? 이는 목회자에게 참으로 부담스러운 숙제다. 이에 대한 답은 성경에 나타난 염소의 비유나 가라지의 비유에서 찾을 수 있다. 주님께서는 그들을 그냥 놔두라고 말씀하셨다. 교회 밖으로 쫓아내지 말라는 얘기다. 그렇다고 그냥 무시하거나 모른 척 하라는 말이 아니다. 목회자는 이들에게 더 특별히 관심을 가져야 한다.

목회자는 모든 성도에게 관심을 가져야 하지만, 염소와 같은 사람들은 특별히 더 관심을 쏟아야 할 대상이다. 때때로 이들은 교회의 영적 분위기를 깨뜨리고 공동체를 힘들게 한다. 목회자로서는 이런 사람들에게 불편한 감정을 갖지 않을 수 없다. 하지만 그럼에도 목회자는 그들을 포용하는 자세를 취해야 한다. 단순히 목회자를 힘들게 하고 교회에 문제를 일으키는 못된 사람들이라고 정죄하지 않는 성숙한 태도를 견지해야 한다.

포용하는 태도로 이들에게 다가가는 것은 절대로 쉬운 일이 아니다. 하지만 목회적으로 볼 때 매우 중요한 일이다. 목회자는 그들의 미숙함을 포용할 만큼 품을 넓혀야 한다. 그들이 쉽게 상처를 입고 남을 비난하고 공격하는 이유가 인격이 미숙한 탓이라 여기고 품어야 한다. 어쩌면 자신이 상처 입지 않기 위해 더 공격적인 태도를 취하는 것인지도 모르기 때문이다.

목회자는 그런 부류의 사람들도 하나님이 세우신 교회에 하나님이 보내주신 하나님의 양떼라고 생각해야 한다. 153 교회는 이렇게 인정 있고 사람을 품을 줄 아는 목회자를 기대한다. 이런 목회자와 함께 교회를 이룬 성도라면 염소와 같은 사람들을 비난하기보다는 이해하는 태도를 보일 것이다. 교회에서 염소와 같은 사람들이 변화되는 일은 목회자 한 사람의 노력으로 이뤄지지 않는다. 교회 전체가 움직일 때 가능한 일이다.

성도는 감동을 받아 변화된다. 감동은 상식을 넘어서는 무언가를 볼 때 일어난다. 목회자가 상식적으로 이해되지 않는 사람들을 인정하고 품어주는 모습을 보면서 성도들은 감동하고 목회자를 존경하고 돕는다. 일반 성도들은 문제 있는 성도를 생각할 만큼 목회에 관심이 많지 않다. 그러면서도 마음 한 켠에 목회자만큼은 그런 사람들까지 수용해 주길 바라는 기대가 있다. 이 기대가 충족될 때 성도들은 감동하고 변화된다.

물론 목회자가 아무리 포용하려고 해도 염소 짓을 하는 사람들이 있다. 이들을 보며 목회자는 하나님께서 이들을 파수꾼으로 세우셔서 나를 경성하게 하신다고 생각하면 된다. 그렇게 적극적인 태도를 가져도 힘들고 괴로운 현실은 변하지 않겠지만, 이런 태도는 목회자에게 양약이 될 것이다.

그럼 이제 염소와 같은 사람들을 다루는 구체적인 방법을 한 번 알아보자.

첫째, 그들의 장점을 보고 즉각적으로 칭찬하라. 아무리 못된 사람도 장점 한 가지는 있게 마련이고, 대부분의 사람들은 다른 사람에게 인정받고 싶어 한다. 따라서 목회자는 그 사람에게 기회가 닿는 대로 관심을 보이고 칭찬하고 인정하는 말을 자꾸 해주어야 한다. 무엇이든 그가 하고 있는 일을 인정해주고 도와주는 것이 좋다.

둘째, 지나친 요구를 하거나 억지를 부릴 때에는 지혜롭게 피해가라. 지혜롭게 피해가라는 말은 분명한 답을 유보하는 대화법을 사용하라는 말이다. 훈계가 필요하지만 대화를 통해 설득하려고 하지 마라. 아마 그들은 이성적이고 합리적인 사고는 하지 않기로 작정이라도 한 듯이 아무 말도 들으려 하지 않을 것이다. 그럴 때는 공정한 절차를 거쳐 공동체에서 결정할 사항이고 교회의 모든 일은 하나님의 섭리를 따라 이루어진다는 원칙을 넌지시 제시하는 것이 좋다.

셋째, 목회자는 직분을 주거나 세우는 권한을 가진 사람이 아니라는 사실을 알려라. 그들이 분에 넘치는 직분과 자리를 요구할 때가 종종 있다. 이때 목회자는 공동체의 선택과 논의를 존중하고 공동체의 결정을 공식적으로 선포하고 승인하는 것이 목회자의 역할이라는 사실을 그들에게 주지시켜야 한다. 목회자가 직접 가르치려 하면 오히려 반발할 수 있기 때문에 억지로 가르치거나 설득하려 하지 말고 대화를 통해 스스로 깨닫도록 이끄는 기술이 필요하다.

리더를 세우는 핵심 원리

목회자는 리더를 세울 때 공동체 전체의 반응을 잘 파악해야 한다. 눈에 보이지 않게 일어나는 공동체의 움직임을 조율해야 하기 때문이다. 리더를 세우는 핵심 원리는 성도들 가운데서 자연스럽게 부상하는 사람을 그대로 인정하고 리더로 세우는 것이다. 보통 성도들은 사회적 지위가 높은 사람과 인격적으로 신뢰할 만한 사람을 지도자로 인정한다. 하지만 그것만으로는 충분하지 않다. 적어도 교회에서 리더가 될 수 있을 만큼 성숙한 신앙과 열정이 뒷받침되어야 한다.

사실 리더를 세우는 일은 서두를 필요가 없다. 153 공동체 구성원들은 누구에게 권위가 있고 누구의 말에 따르고 협조해야 하는지 이미 알고 있기 때문이다. 그런데 리더가 세워지고 조직이 생기면 그 순간부터 공동체의 의사소통은 그 조직에 속한 사람들을 중심으로 이루어지게 마련이다. 그러면 의사소통이 원활하지 않을 뿐더러 소외되는 자들이 생기기 시작한다. 이런 현상은 공동체에 악영향을 끼칠 수 있다. 공동체의 질서를 유지하고 사역의 효율성을 기하기 위해 공식 조직이 필요하지만, 가능하면 이미 형성된 사회관계망을 통해 의사소통을 하고 질서를 세워가는 것이 더 바람직하다. 이런 인격적 질서를 통해 의사소통과 의사결정을 해나가면 지위를 남용하거나 조직 밖의 사람들을 소외시키는 부작용을 방지할 수 있다.

결국 153 공동체의 삶은 구성원들 사이의 관계와 자연스러운 의사소통만으로도 가능하다. 따라서 153 교회는 인격적인 관계 위에 공동체를 세워나가는 목회 전략을 추구해야 한다. 공동체에 어떤 문제가 발생하든지 관계가 꼬이고 의사소통이 엉키면 해결될 문제도 풀리지 않는다. 반면에 아주 힘든 문제라도 관계가 원만하고 의사소통이 원활하면 해결하지 못할 것이 없다.

공동체에 발생하는 갈등을 해결하는 또 다른 실마리는 인격적으로 존경을 받는 사람에게 있다. 존경받고 신뢰받는 사람이 문제 해결자로 나설 때 공동체는 그가 내리는 결정을 충분히 인정하고 받아들인다. 하지만 인격적으로 존경할 수 없는 사람이 공적인 지위만 가지고 해결사를 자처하면 문제가 복잡해진다. 그러므로 목회자는 공동체의 갈등을 둘러싼 관계망과 의사소통 구조, 조직 구성을 주의 깊게 살펴야 한다.

관계성, 의사소통, 조직 관리, 이 세 가지 주제를 다룰 때 가장 크게 문제가 되는 부분은 인식의 문제다. 우리는 '관계성'이라는 용어를 상식적인 수준에서만 이해하고 있다. '의사소통'도 마찬가지다. 관계성과 의사소통에 대한 짧은 이해로는 별다른 변화를 일으킬 수 없다. 이 주제들에 대한 이해와 인식을 달리하지 않으면 관계성과 의사소통 부분에서 동일한 문제에 반복적으로 부딪힌다는 말이다.

조직 관리도 마찬가지다. 목회자가 외형적인 역할로만 자기 존재를 인식하면, 조직의 의장 혹은 최고결정권자로서 자신이 가진 공식적인 지위와 권한을 중심으로 사고할 수밖에 없다. 목회자에게 주어진 공식적인 권한을 사리를 위해 이용하려 하면 목회자는 권위주의에서 벗어나기 힘들 것이다. 권한은 성숙한 인격에 담길 때 그 힘을 정당하게 발휘한다. 따라서 성도의 마음을 인격적으로 다스리는 것이 주어진 권위를 효율적으로 사용하는 가장 현명한 방법이다. 목회자의 영적 영향력이 인격적인 관계를 통해 발휘되는 이유가 여기에 있다.

인격이 성숙한 목회자는 마음이 평안하다. 앞에서도 언급했듯이 내적 평안은 자기 안에 있는 불안감, 열등감, 조급함, 경쟁심을 자각하게 하고 그런 감정을 다스릴 여유를 갖게 한다. 목회자는 전문적인 기능이 아니라 인격적으로 성숙한 삶으로 영향력을 발휘한다. 즉 나와 하나님과의 관계를 통해 얻는 영적 열매인 평안이 마음속에 자리 잡으면 그것이 성도와의 만남을 통해 전해지는 것이다.

목회자는 목회 현장을 바라보며 가난한 마음을 가질 수밖에 없다. 그래서 하나님 앞에서 울고 그분께 기도로 매달린다. 그러면 하나님은 목회자의 심령에 평안과 위로를 주신다. 목회 현장을 허락하신 것만으로 감사하고 부족한 사람을 써주심에 감격하게 된다. 목회자는 이 평안과 위로 때문에 감사하고 만족한다. 그러므로 목회자의 내적 평안은 하나님이 주시는 영적 열매다.

성도들이 목자의 말씀에 순종하고 성도들 사이에 성숙한 영적 교제가 오간다면 그 교회는 목회의 절정을 찍었다고 봐도 좋다. 그야말로 주님께 "잘하였도다. 착하고 충성된 종아!"라는 칭찬을 들을 만하다. 이런 공동체는 성숙한 신앙 공동체이며 외형적으로 더 성장할 수 있는 기반을 마련한 셈이다. 물론 교회가 그 상태에서 양적으로 더 성장하지 않을 수도 있다. 그렇다고 해도 그것은 결코 문제가 될 수 없으며 문제 삼지도 말아야 한다. 교회가 온전한 영적 공동체를 이루었다면, 이미 그것으로 교회의 일차적인 존재 목적은 달성한 것이기 때문이다.

교회 성도 수가 150명에 이르면 집단의 생리를 고려해서 성도들 중에서 공식적인 리더를 선출해야 한다. 앞에서도 설명했듯이 150명이 넘어가면 모든 구성원이 서로 알고 돌볼 수 있는 한계치를 넘어서기 때문이다. 따라서 목회자는 교회의 통상적인 조직을 구성하기 위해 구역장 임명, 제직회 구성, 각 기관의 회장 선출 등을 준비해야 한다. 다시 한 번 강조하지만 그때 선출되는 지도자는 반드시 교회가 거기까지 성장하는 과정에서 자연스럽게 리더로 부상한 사람이어야 한다.

성도들 사이의 관계 파악

153 교회 목회자는 교회 안에서 관계의 흐름을 파악하고 있어야 한다. 이는 교인들을 감시하는 차원이 아니라 교회를 더 세심하게 돌보기 위한 전략이다. 목회자는 이를 위해 관계 흐름도를 작성할 필요가 있다. 이를 통해 담임목회자는 공동체에서 누가 누구에게 영향력을 미치는지 파악하고 영향력의 범위와 정도까지 알 수 있다.

관계의 흐름을 파악하는 일은 목회 비전과 목표를 공유하고 동역하는 데 결정적인 역할을 한다. 교회의 비전과 목표는 반드시 공식적인 회의나 모임을 통해서만 전달되는 것이 아니다. 공식 모임은 정보를 전달하고 공유하는 기능에 그치기 쉽다. 목회 비전과 목표를 이해하고 그 가치에 헌신하겠다고 결단하는 일은 성도 간의 친밀한 관계와 나눔을 통해 이루어진다.

따라서 목회의 비전과 목표를 전달하고 강조할 만한 대상이 누구인지 선택하고 공동체에 헌신하고 협력할 일꾼을 택할 때 관계 흐름을 파악해두면 매우 요긴하다. 그리고 교회에 갈등과 위기가 닥쳐 긴급하게 중재할 사람이 필요할 때 망설임 없이 적임자를 세우는 데도 도움이 될 것이다.

목회 실천 과제 3: 공동체 형성

153 교회는 공동체의 삶을 살아내고 훈련하는 것을 중요한 목회 과정으로 여긴다. 기독교 교육학 교수인 잭 세이모어^{Jack Seymour}에 따르면, 교회가 공동체적 접근을 시작한 것은 현대 교회의 교육 목회가 학교 교육 형태를 띠는 것을 문제로 인식하면서부터였다. 세이모어는 신앙 교육이 '신앙 - 문화화 패러다임'에서 이루어져야 한다고 주장한다. 공동체에서는 생활방식과 가치와 태도가 중요한데 이는 문화화 과정을 통해서만 형성될 수 있다는 것이다. 문화화를 통해서 모든 연령이 상호작용하는 과정이 이루어지고 이를 통해 가치관이 형성되는 것이다. 153 공동체 구성원들이 서로를 알고 관계를 중요하게 여기고 삶을 공유하면서 자연스럽게 영적 훈련을 해나간다면, 이는 문화화의 과정이라 할 수 있다.

153 교회는 상호 관계성과 교류를 통해 신앙 교육과 훈련을 진행한다. 이 과정에서 좋은 모범이 제시되고, 은사를 발굴하고 활용하며, 섬김의 기회가 제공되고 지도력이 개발된다. 관계를 맺는 과정에서 모든 사람들이 본받고 싶어 하는 모범적인 성도가 드러나고 그 모범을 따르는 일들이 일어난다. 관계는 성도들이 가진 각종 은사를 발굴하고 활용하는 통로가 된다. 그리고 그 은사를 통해서 성도를 섬기고 나아가 지도력을 발휘하는 데까지 나아가는 것이다.

공동체 형성 프로그램 개발

한 공동체에서 서로를 알아가며 153 공동체로 성장하기까지는 관계를 촉진하는 프로그램을 실행할 필요가 있다. 한국 교회가 급속히 성장하던 1970-1980년대에는 부흥회나 바자회 등 교회 행사가 있으면 교회 전체가 참여했다. 교회 행사는 성도들이 서로 알아가고 소통하는 장이 되었다. 그때는 교회에 공동체성을 유지할 수 있는 고유한 문화가 있었다.

그러나 산업화가 진행되고 핵가족 중심의 사회로 바뀌고 여성들의 사회 진출이 증가하면서 예전에 비해 여성들이 교회 사역에 헌신하기가 어려워졌다. 교회 모임이 줄고 최소한의 봉사만 하게 되면서 삶을 함께 나누는 공동체적 분위기가 거의 사라진 셈이다. 특히 지난 20년 동안 교회 모임의 성격이 많이 달라진 듯하다. 기존의 성경 공부나 전교인 수련회 같은 프로그램이 성경에 대한 지적 호기심을 만족시키는 성격을 띠고 있다. 교회에 다양한 세미나가 등장한 것이 그 증거다. 후기현대주의 시대를 살아가는 사람들에게 개인의 사생활이 중요해지면서, 교회가 개인의 삶에 특별한 관심을 보이면 사생활에 너무 깊이 개입한다는 인상을 준다. 이제 성도들은 자기 필요에 따라 교회 프로그램을 선택한다. 성도들과의 교제도 친교를 즐기는 선에서 이루어진다. 목회자들도 이런 사회 변화에 발맞춰 전통 교회의 가족적인 분위기는 현대 목회에 맞지 않는다는 인식을 갖게 되었다.

하지만 153 교회는 개인의 사생활을 우선시하는 후기현대주의 문화의 흐름을 거슬러 신앙 공동체의 본질을 추구한다. 요즘 대부분의 교회가 소그룹 모임으로 신앙 공동체의 본질을 어느 정도 추구하고 있지만, 온전한 공동체를 이루기에는 여전히 부족해 보인다.

과거에는 교회에서 저녁 예배 때 가족 찬양 대회를 하거나 가족들이 돌아가면서 특별 찬양을 하기도 했다. 하지만 요즈음 같은 후기현대주의 사회에서 가족들 모두가 함께 나와 찬양하는 모습은 어색하게 느껴진다. 교회가 좋은 전통을 잃어버리고 세속문화에 무기력하게 끌려가는 것이 안타깝다. 공동체적 성격을 살릴 수 있는 전통을 유지하고 가족 단위의 프로그램을 개발하는 노력이 절실하다.

권사 및 안수집사와 동역하기

153 교회는 장로, 권사 혹은 안수집사 등 임직자를 많이 세울 필요가 없다. 그렇지만 153 교회가 계속 성장해서 성도 수가 150명을 훨씬 넘을 때를 생각하면 임직에 대해 짚고 넘어가는 것이 좋겠다.

장로 이외에 권사와 안수집사들도 실제적으로 교회에서 중요한 역할을 한다. 장로 못지않게 교회에 헌신하기에 권한과 기회도 자주 주어진다. 그들 중에는 신앙이나 인격이 미성숙한 사람들도 있지만, 공식 직분이 주어진 만큼 그들의 권위도 인정해주어야 한다.

권사나 안수집사가 성도들과 맺는 관계는 목회에서 중요한 요소다. 그들은 장로처럼 최고 의사결정 과정에 참여하지 않는다. 하지만 일반 성도들과 자주 접촉하고 직접적인 영향을 끼치고 정서적으로 교감한다. 교회 전체 관계망을 형성하는 데 대단히 중요한 위치를 차지하고 있는 것이다.

교회가 성장하게 되면 목회자가 권사나 안수집사를 직접 만날 수 있는 기회가 점점 줄어든다. 그래서 목회자가 직접적인 영향력을 행사하기가 어렵다. 그래서 담임목사는 부목사와 장로를 통해서 안수집사와 권사 그룹에 목회 철학과 방향이 전달되고 납득될 수 있는 목회 구조를 만들어야 한다. 부목사나 장로들이 담임목사와 함께 목회 철학과 비전을 공유할 수 있도록 만들어 그들에게 담임목사의 권한을 어느 정도 위임할 수 있는 정도까지 나아가야 한다는 말이다. 제도를 따로 만들거나 공식적으로 권한을 준다고 해서 목회자의 지도력이 권사와 안수집사 그룹에까지 미치는 것은 아닐 것이다. 반복해서 강조하지만, 영적이고 인격적인 친밀한 관계를 맺는 것이 관건이다. 보통 대형 교회는 이런 관계를 제도를 통해 유지하고 있다. 이 관계는 철저하게 계층적이다. 계층적 관계는 공동체의 질서를 유지하는 데 효과적이긴 하지만 진정으로 성숙한 영적 관계가 존재하는지 곰곰이 따져볼 필요가 있다. 영적 질서를 따라 지도자들이 세워지면, 안수집사나 권사가 지도자의 역할을 바르게 수행할 수 있는 여건이 마련되는 것이다.

목회 실천 과제 4: 공동체 활성화

필자는 153 교회가 공동체를 세우는 가장 바람직한 방법은 제자훈련이라고 주장했다. 제자훈련에서 제시하는 소그룹 형태는 153 교회가 추구하는 소그룹과 비슷하다. 153 교회는 소그룹에서 성경 말씀을 토대로 서로 성숙한 영적 관계를 맺고 친밀하게 의사소통하기를 기대한다. 이런 맥락에서 성도가 함께 모여 서로 축복하고 격려하는 시간은 꼭 필요하다. 간증과 나눔의 시간을 통해 성도들이 서로 더 깊이 알아가고 돌보는 데까지 나아가도록 힘쓰자.
제직회나 공동의회 등은 긴장된 분위기에서 진행되게 마련이다. 교회의 중요한 사항을 결정할 때 다양한 의견이 제시되며 때로는 의견이 부딪힐 때 부정적인 감정이 표출될 수 있기 때문이다. 이런 회의에서 목회자의 연약함이 공개적으로 드러나기도 한다. 그래서 목회자가 긴장하고 신경을 쓰지 않을 수 없는 것이다. 공동의회나 제직회 때 분위기가 경직되는 것은 어쩌면 피할 수 없는 일인지도 모른다. 누군가가 안건에 대해 공개적으로 이의를 제기하고 의견이 격렬하게 대립하는 상황이 되면 긴장하지 않을 수 없다. 애초에 이런 상황이 벌어지지 않기를 바라지만, 현실적으로 갈등을 완벽하게 차단할 수는 없다.

목회자는 제직회나 공동의회의 안건에 대해 최대한 열린 자세로 임해야 한다. 성도들이 반대하거나 심지어는 방해하는 발언을 한다 해도 결코 방어적인 반응을 보여서는 안 된다. 목회자와 성도들이 친밀한 관계를 맺고 있어야 분위기를 부드럽게 이끌어갈 수 있다. 일단 성도들의 발언 내용과 상관없이 그들을 신뢰하고 포용할 수 있기 때문이다.

평상시에 성도들이 함께 모여 목회에 대해 부담 없이 소통할 수 있는 장을 자주 만들 필요도 있다. 야유회, 가족 모임, 기타 여러 가지 행사를 계획하고 진행할 때 성도들을 동역자로 생각하고 의견을 나누는 것도 괜찮은 방법이다. 특별히 주일 예배 후에 식사 교제를 갖는 것은 대단히 중요하며 목회자는 이 시간을 적극적으로 활용하여 모든 성도와 정서적으로 연결의 끈을 놓치지 않도록 신경을 써야 한다. 목회자와 성도 사이에 친밀한 분위기는 보이지 않는 질서가 되고, 시간이 흐르면서 교회의 전통으로 자리 잡는다. 이 전통은 공동체에 생명력을 불어넣을 것이다.

예수님이 승천하신 후에 120명의 성도가 마가 다락방에 모여 전심으로 기도했다. 어떻게 120명이 한 곳에 모이게 되었는지는 정확히 알 수 없다. 그 사람들이 서로 얼마나 잘 알고 친밀했는지도 가늠하기 어렵다. 공동생활을 했는지 아니면 일정 기간 교제를 가졌는지도 정확히 알 수 없다. 하지만 모두 한마음으로 예수님을 따르고자 했던 사람들이라는 점만은 분명하다. 이렇게 마음이 하나가 되기 위해서는 서로 자기 신앙을 고백하고 자기 삶을 나눌 정도로 일정 기간 교제했을 것이다. 같은 목적을 위해 함께 모여 기도할 정도로 서로를 알고 서로를 위해 헌신할 수 있는 관계가 되었던 것 같다. 그런 점에서 이 모임은 153 공동체의 성격을 가졌을 것이다. 이 공동체가 불씨가 되어 오순절 성령 강림이 일어났다. 그리고 이들은 초대교회의 모체가 되었다.

설교: 대화하듯

153 교회에 적합한 설교 방식이 따로 있는 것은 아니다. 말씀 선포는 청중의 수에 좌우될 문제가 아니다. 10명을 대상으로 하든 3,000명을 대상으로 하든 하나님의 말씀을 전하고 듣는 것은 같다. 하지만 설교의 효력을 생각할 때 153 교회에 적합한 내용이나 메시지 전달 방식을 생각해볼 수는 있다.

먼저 설교 내용은 공동체에 관한 주제가 적합하다. 공동체 안에서 성도가 갖추어야 할 성숙한 모습 등에 관해 주로 설교하면 좋겠다. 가족적인 공동체가 될 때 얻는 영적 유익과 만족을 확증하고 감사할 수 있는 내용이 바람직하다. 공동체, 봉사, 사랑, 희생, 인내, 헌신, 평안, 모범, 위로, 격려 등의 내용이다. 성도 개인의 삶의 정황에 따라 성도 각자가 기대하는 신앙의 필요가 다르기 때문에 설교를 통해서 개개인의 문제를 직접 해결해줄 수는 없다. 하지만 성도들이 신앙 공동체에 소속되어 함께 삶을 나눈다는 것 자체에 감사하고 꿋꿋하게 살아갈 수 있는 힘과 위로를 얻게 해주는 것이 중요하다.

설교 방식도 최대한 공동체를 활성화하는 방식을 택할 필요가 있다. 규모가 크면 설교자가 대화식으로 설교하기 어렵지만 소규모 집회에 선 대화식으로 설교하는 것도 권할 만하다. 성도가 150명 정도만 돼도 시도해볼 만한 일이다. 대화식 설교란 목회자가 일방적으로 메시지를 선포하듯이 전달하는 것이 아니라 의문형의 문장을 사용하거나 질문 후에 잠깐 여유를 둬서 성도들이 질문을 음미하고 생각할 시간을 주는 방식이다. 마치 성도들의 느낌과 반응을 듣고 그 반응을 받아서 설교를 이어간다는 느낌을 주면서 설교하라는 것이다. 원고에 의존하면 불가능한 방식이기에 설교자는 원고 없이 성도들과 눈을 맞추면서 설교할 정도로 설교 내용을 완벽히 소화해야 한다.

대화식 설교는 마치 온 교회가 친밀하게 교제하고 있는 느낌을 준다. 성도의 입장에서 보면, 딱딱한 설교는 공식적인 자리라는 인상을 강하게 주기 때문에 긴장하게 되지만 대화식 설교는 설교자, 즉 목회자와 개인적으로 만난 것처럼 친근함을 느끼게 한다.

광고: 가족적인 분위기에서

예배 중에 하는 광고도 동일한 관점에서 바라볼 수 있다. 부흥하는 교회들의 특징 중 하나가 광고 시간도 은혜롭다는 것이다. 예배는 보통 약간의 긴장 속에서 시작한다. 준비된 순서와 내용이 주어진 시간 안에서 진행되어야 하기 때문이다. 찬양과 기도에 이어서 설교가 끝나면 어느 정도 긴장이 사라지고 헌금 순서 때는 심리적으로 편안한 상태가 된다. 성도들은 바로 그 상태에서 광고를 듣는다. 설교를 통해 마음에 은혜를 받았으면 성도들의 마음도 아마 더 열려 있을 것이다.

목회자는 광고 시간에 성도들이 긴장이 완화된 상태라는 사실에 주목할 필요가 있다. 대화의 차원에서 보면 설교가 끝나기까지는 성도가 일방적으로 듣는 시간이었다. 설교가 끝나면 어느 정도 긴장을 풀도록 광고 시간은 대화하는 분위기로 만들어가는 것이 중요하다.

목회자가 광고를 시작하면서 서로 인사를 나누라고 권면하는 건 이런 점에서 의미가 있다. 매주 반복적으로 이루어지기 때문에 성도들은 아무 생각 없이 의례적으로 인사하는 시늉만 내기도 하겠지만 말이다. 기질에 따라 인사하는 시간을 불편해하는 사람도 있을 수 있다. 그러므로 광고 시간에 적절한 유머를 사용해서 경직된 성도들의 마음을 열어보자. 웃음이 대화에 긍정적인 영향을 끼치기 때문에 아주 효과적인 방법이 될 것이다.

광고 시간을 성도들의 동정을 알리면서 서로 축복하고 위로하고 격려하는 시간으로 활용하는 것도 좋다. 성도들의 이름을 부르거나 가족들을 소개할 때도 모두 한 식구라는 느낌을 갖게 하라. 그 시간에 성도들이 다른 성도들의 삶에 대해 자연스럽게 관심을 갖게 되면서 교회 안에서 친밀한 나눔이 촉진된다.

미국에서 유학하던 시절 한 교회에서 예배를 드리다가 매우 감동적인 광경을 목격한 적이 있다. 한 부모가 출산 후 처음으로 교회에 아기를 데리고 나왔다. 목회자가 부부와 아기를 앞으로 나오게 해서 아기를 안고 축복하며 기도했다. 그러고는 성도들에게 축하의 박수를 부탁하고, 아기를 안고 강단을 내려와 예배당을 한 바퀴 돌면서 모든 성도에게 아기를 보여주었다. 마치 그 아기가 성도들 모두의 자녀인 것처럼 소개하는 듯했다. 아주 간단한 의식이지만 모인 성도들 모두가 한 공동체라는 소속감을 느끼기에 충분한 시간이었을 것이다.

물론 성도 수가 수백 혹은 수천 명에 이를 때는 그런 목회 방식이 적절하지 않을 수 있다. 성도 수가 150명을 넘어가면서 서로 모르는 사람들이 생기기 시작하면 그때부터 성도들은 서로 무관심해진다. 모르는 사람이 늘어나면서 서로에 대한 책임감도 사라진다. 이런 공동체에서는 모임이 의례적으로 끝나곤 한다. 교회의 여러 활동과 행사가 자기와는 관련 없는 일이라고 인식하기 때문에 시간 때우기 식으로 임할 수도 있다. 진행 내용이나 광고 내용도 간단명료해야 한다고 생각하고 사적인 발언은 줄이고 예배가 끝나는 시간을 정확하게 지켜야 한다고 생각하는 것이다. 그러므로 늘 가족적인 분위기를 유지하는 것이 공동체의 하나 됨을 이루는 데 참으로 중요하다.

심방: 친구를 방문하듯

153 교회에서의 심방은 목회자와 성도의 개인적인 만남을 강화하기 위해 이루어진다. 심방이 의례적인 차원에서 이루어지지 않는다는 말이다. 병문안, 축하, 상담, 위로 등 뚜렷한 이유가 있어서 심방할 때도 반드시 개인적인 친근함이 전해져야 한다. 따라서 개인적인 마음을 표현하는 카드나 신앙서적 혹은 적절한 선물을 전달하는 것도 좋은 방법이다. 성도는 이런 과정을 통해 목회자와 개인적인 관계를 형성하면서 자신의 존재를 확인한다. 목회자와 좀 더 가까운 교제를 나눌 수 있게

되었다고 느끼는 것이다.

153 교회 목회자는 통상적인 심방처럼 간단하게 예배드리고 기도하고 다과를 대접받고 떠나는 극히 의례적인 심방은 하지 않는다. 심방 시간을 충분히 가지면서 깊은 대화를 나눈다. 적어도 한 끼 식사를 나누고 충분한 여유를 가지고 다양한 대화를 하는 것이 좋다. 성도들의 개인적인 삶의 모습이 충분히 드러날 수 있는 기회를 만드는 것이다. 또 목회자도 자신의 개인적 삶을 적절하게 나눌 필요가 있다. 이를 통해 성도들은 목회자와 개인적으로 관계를 맺었다고 느끼게 되는데, 이는 심방을 통해 얻을 수 있는 중요한 결과다.

교육 및 훈련: 소그룹으로

목회에서 교육의 중요성은 다시 강조할 필요가 없을 정도다. 21세기 지식정보화사회를 맞이하여 사람들의 지적 욕구는 더욱 강렬해졌다. 신앙 교육 프로그램은 무엇보다도 개인의 신앙을 성숙시키는 데 유익하다. 성도들은 교육을 통해 전달되는 내용을 바탕으로 신앙의 기초를 다지거나 필요한 지식을 얻을 수 있다.

하지만 153 교회는 교육 내용과 함께 교육 과정을 통해 이루어지는 비공식적 교육을 더 중요하게 여긴다. 교육이 진행되는 전 과정을 통해서 서로 삶을 나누며 교제하는 과정이 교육의 내용보다 더 중요할 수 있다는 말이다.

153 교회의 목회를 제대로 감당하려면 교육을 진행하는 과정에서 이루어지는 교제의 패턴을 잘 파악하고 관리할 수 있어야 한다. 제자 훈련이 폭발력을 갖는 건 성경 공부의 내용 때문이라기보다는 소그룹

안에서 삶을 나누고 교제하면서 느끼는 소속감 덕분이다.

통상적으로 소그룹 성경 공부반이 만들어지면 성경을 공부하는 것 외에 부수적인 일들이 생기게 마련이다. 장소를 준비하고 정리하거나 음료와 다과를 준비하는 일, 때로는 회비를 걷는 일 등 성경 공부 하나를 해도 섬길 일이 많이 생긴다. 사실 성경 공부 시간에 공식적으로 전달되는 교육 내용보다 제반 사항을 섬기고 돌보는 것이 더 중요한 교육이 될 수 있다. 자발적으로 섬기고 봉사하는 사람이 생기고 참여자들이 모임에 소속감을 갖게 하는 것이 어쩌면 성경 공부의 진짜 목표일지도 모른다.

성도들은 비공식적인 시간을 통해 자신이 영적 공동체에 속해 있다는 소속감과 유대감을 느낀다. 개인적인 친밀감이 공동체에 대한 소속감을 만들어내는 것이다. 소속감은 교회를 위해 더 열심히 헌신하고 봉사하고 싶은 마음을 북돋는다. 그리고 이런 마음이 교회 성장의 발판이 된다.

특히 성경 공부를 하는 과정에서 영적 지도자와의 친밀감이 형성되는 것도 매우 중요한 유익 가운데 하나다. 목회자와 제자훈련을 받은 사람들 사이에는 특별한 유대감이 형성된다. 또한 제자훈련을 통해 지도자가 된 사람들과 그들을 통해 훈련받는 성도들과의 관계도 친밀해진다. 따라서 153 교회를 목회할 때는 가능하면 상호 간에 대화와 나눔이 있는 훈련 방법을 택하는 것이 좋다. 성경 지식이나 교리가 영적 몸을 위한 영양분이라면 교육이 진행되는 과정에서 이루어지는 비공식적인 교제와 친교, 음식 봉사, 소속감은 그 영양분이 전달되는 핏줄과도 같다.

소그룹의 효과에 대해서는 이미 많은 연구가 나와 있다. 미국 테네시 주에서 학생 대 교사의 비율과 성취도의 관계를 조사한 적이 있다. 유치원생 13-17명으로 구성된 그룹과 22-25명으로 구성된 그룹을 1년 간 교육한 결과 전자의 학습 속도가 한 달 정도 앞섰다. 초등학교 2학년의 경우에는 두 달 정도 앞서는 것으로 나타났다.

교회 학교 교사들을 효율적으로 관리할 때도 소그룹을 활용할 필요가 있다. 예를 들어 7-10명의 교사를 한 단위로 구성하는 것이다. 만약 한 부서의 교사가 7-10명이라면, 한 부서의 교사를 한 소그룹으로 묶는다. 하지만 한 학년을 담당하는 교사 수가 그 정도라면 학년별로 사역 단위를 짜주고 교사 운용을 하는 것이 좋다. 물론 오차를 감안하여 유연하게 운용하면 될 것이다.

남녀 선교회 조직도 마찬가지다. 모든 선교회원을 하나의 울타리에 몰아넣고 계층적 조직을 통해 유지하는 것은 성숙한 공동체로 발돋움하는 데 유익하지 않다. 계층적인 한국 문화에서는 나이, 학번, 신앙 연수 등이 질서 유지의 핵심이 된다. 그러나 역설적이게도 교회의 많은 갈등과 문제가 바로 그런 요인들 때문에 생긴다. 따라서 공동체를 건강하게 활성화하려면 7-10명의 소그룹으로 선교회를 나눠서 각 그룹이 역동적인 사역을 하도록 해야 한다. 기존의 선교회도 외형적으로는 봉사부, 친교부, 사회부 등 하위 부서로 나누기는 한다. 하지만 단순히 일을 시키려고 그룹을 나눈 것에 불과하다. 자율적이고 창조적인 사역을 하기 위한 그룹이 아니라 전체 조직을 잘 운영하기 위한 기능일 뿐이다.

봉사: 하는 사람이 즐겁게

교회가 소그룹을 활성화하려면 교회와 세상을 위해 구체적으로 무엇을 할 것인지 목표를 찾는 일부터 시작해야 한다. 소그룹 단위로 움직이면 목표를 효과적으로 이룰 수 있다. 동사무소나 지역 봉사단체를 찾아가 보면 할 일은 수없이 많다. 과거에는 고아원과 양로원을 찾아가 음식을 나눠주고 예배를 드려주는 천편일률적인 봉사가 전부였다. 그마저도 온정주의 차원의 일회성 행사로 끝나는 경향이 많았다. 이제는 그들에게 정말 필요한 것을 찾아 지속적으로 돕는 일을 해야 한다. 그들이 온전한 사회인으로 서기까지 해야 할 일은 무궁무진하다. 이를 위해서는 성도들이 전문적으로 훈련을 받는 한편 신앙적으로 부족함이 없도록 준비해야 한다.

봉사를 제대로 하려면 무엇보다 목표를 분명하게 인식해야 한다. 봉사의 목표는 부서에 따라 각 부서의 통상적인 일, 주방 봉사, 각종 행사 준비, 전도, 외부기관 방문 등 다양할 것이다. 그 목표를 잘 성취하는 것이 봉사의 일차 목표다. 그런데 봉사에는 숨겨진 목표도 있다. 그것은 봉사하는 사람들이 신이 나도록 하는 것이다. 함께 모여 봉사하면서 재미와 만족과 보람을 느끼고 소속감도 가질 수 있어야 한다.

한편으로는 봉사하는 중에 여러 문제가 발생하기도 한다. 일의 역할, 책임, 지위, 방법과 관련해서 의견 차이가 있어 갈등이 생기면 관계가 깨지고, 이것이 교회 전체에 악영향을 끼친다. 따라서 봉사할 때는 팀워크를 잘 이루는 일이 무엇보다 중요하다. 이 팀워크를 위해 봉사의 기본 원칙을 가르칠 필요가 있지만 동시에 서로 마음을 나눌 수 있도록 교제를 촉진하는 작업도 필요하다. 봉사는 다양한 사람들이 함

146

153 교회

께 힘을 합쳐 헌신하는 것이다. 그러기 위해서는 서로 협력하는 자세가 절대적으로 중요하다. 협력을 위해서는 몇 가지 원칙이 있다. 역할을 잘 분담해야 하고 상대방을 존중해야 하며 공평해야 한다. 그리고 봉사의 목표가 무엇인지 매 순간 확인해야 한다. 이 모든 것을 위해서는 무엇보다 봉사하는 과정에서 이루어지는 상호 간의 대화가 성숙해야 한다.

봉사는 주로 몸으로 하는 경우가 많기 때문에 봉사를 한 다음에는 쉬고 싶고 영양을 보충하고 싶어진다. 봉사의 의미를 살리기 위해서는 이 욕구를 잘 충족시켜야 한다. 그래서 보통 봉사가 끝난 후에 격려의 의미에서 식사 교제를 하는 것이 좋다. 그 시간은 봉사에 대한 후기를 나누는 시간이 된다. 이때도 서로 더 깊이 알아가고 봉사자들을 하나님의 사람으로 세우는 시간이 되도록 운영하자.

친교: 모두의 축제가 되게

153 교회는 예배 후에 나누는 친교를 중요하게 생각한다. 친교는 주로 예배를 마치고 식사를 하면서 이루어진다. 친교가 단순히 식사 한 끼를 해결하는 데 머물지 않도록 그 시간을 잘 활용해야 한다. 식탁을 함께하면 마음이 쉽게 열리고 대화도 수월해진다. 보통 사람들은 음식을 먹을 때 가장 편안해한다. 음식 앞에서는 상대방의 이야기를 들을 여유도 생기고 자기 이야기도 자연스럽게 꺼낼 수 있으니 친교 시간을 서로 알아가고 필요한 조언을 해주는 기회로 활용하면 좋다.

목회자는 친교 시간에도 성도들을 잘 살펴보아야 한다. 친교 시간에 대화에 잘 끼지 못하고 소외되는 성도는 없는지 살펴라. 목회자가 그런 사람들을 찾아가 충분한 시간을 할애하며 교제하는 것은 필수적이다. 그를 돌볼 리더나 담당자와 연결해서 목회적인 돌봄을 제공하여 그들을 친밀한 관계 안으로 끌어들여야 한다. 또 예배 후에 친교에 참여하지 않고 곧장 돌아가는 성도들을 일일이 파악해두어야 한다. 그들의 가정환경이나 직업, 성격, 특이사항 등을 깊이 있게 파악해서 적절한 기회를 만들고 만나는 데까지 나아가야 한다. 그럼에도 친교 자체를 부담스러워하는 사람이 있을 수 있다. 그런 성도라도 최소한 목회자하고는 어떤 식으로든 인격적인 관계를 맺게 해야 한다.

성도 수가 150명이 되기까지는 어떤 행사를 하더라도 모든 성도가 함께 참여하는 축제 형태로 이끌어가는 것이 좋다. 모두 함께 하나가 되는 경험을 많이 할수록 공동체는 더 단단하게 연합할 것이다. 함께 모였을 때 가족적인 분위기를 유지하면서도 의미 있는 모임이 될 수 있도록 세밀하게 준비하라.

교제: 교회 역사를 돌아보라

153 교회는 성도를 통해 교회의 역사를 돌아보게 함으로써 시간과 공간을 초월하여 교제하도록 돕는다. 교회는 나름대로 역사를 가지고 있다. 역사 속에는 이미 이 세상을 떠나 하나님의 품으로 간 사람들과 그 자손들의 이야기가 있다. 그리고 교회 개척 멤버와 갓 등록한 성도까지, 모두의 다양한 신앙 간증과 교회에 대한 추억이 있을 것이다. 그들의 이야기는 곧 교회의 역사이며 교회 공동체를 이끌어가는 보이지 않는 힘이다. 목회 방향과 스타일을 결정하는 요소가 되기도 한다. 긍정적인 내용이든 부정적인 내용이든 모든 성도들의 이야기를 하나님

의 시각에서 해석해서 마음에 떠올리고 입술에서 입술로 전하게 하라.

교회의 역사를 나눌 때는 성도들이 주체가 되는 것이 좋다. 교회 구성원 모두가 함께 이야기를 나누는 공식적인 기회를 마련할 필요도 있다. 교회 역사를 되짚어보는 것은 공동체를 이해하는 데 도움이 되고 공동체에 대한 소속감을 갖게 한다.

교회의 역사를 돌아보면 세대차도 극복할 수 있다. 역사와 전통이 있는 교회들이 비교적 안정적인 이유는 교회의 역사가 여러 가지 방법으로 후세에게 전달되기 때문이다. 교회 프로그램에 참여하거나 서로 잘 아는 가정이나 개인과의 교제를 통해서 교회의 역사가 전해지면서 교회를 향한 하나님의 뜻과 사랑이 전달되기 때문이다.

공동체를 견고하게 이끌고 가려면 교회 역사를 중요하게 생각해야 한다. 설교를 통해서도 교회 역사를 더듬어볼 수 있다. 특별한 프로그램을 마련해서 역사를 되돌아보고 그 현장에 있던 사람들의 증언을 듣는 것도 좋은 방법이다. 이런 과정을 통해서 교회는 서로 알아갈 뿐만 아니라 신앙적으로 더욱 깊은 유대감을 느끼게 된다. 많은 교회가 교회 역사를 담은 기념 서적을 발간한다. 역사를 나누기 위해 반드시 필요한 일이지만, 그 역사가 오늘을 사는 성도들의 신앙 속에서 살아 숨쉬게 하는 구체적인 목회 프로그램까지 고민한다면 더할 나위 없겠다.

부교역자들도 교회 역사를 나누고 알아가는 과정에 참여시키는 것이 바람직하다. 부교역자들은 주로 한 교회에서 일정 기간을 사역하고 떠나기 때문에 교회 역사를 알아야 할 필요성을 느끼지 못할 수 있다. 하지만 교회 역사를 알지 못해서 목회 사역을 제대로 이해하지 못하거나 실수하는 경우도 많다. 부교역자가 담임목사의 목회 철학과 방향을 제대로 따르고 협력하기 위해서는 교회 역사를 알아야 한다. 따라서 교회가 걸어온 발자취를 잘 아는 성도들을 통해 교회 역사를 소개받는 과정을 만든다면 공동체가 다시 한 번 마음을 다잡는 기회가 될 것이다. 새로 부임하는 담임목사도 마찬가지다. 담임목사는 자신의 목회 철학을 펼치기 전에 그 교회의 역사를 파악하는 것이 중요하다. 역사를 파악할 때는 문서나 자료를 의존하기보다 사람을 통해 알아가는 것이 더 바람직하다.

이런 역사 나누기가 하는 중요한 역할 중 하나는 후세를 위한 신앙교육이다. 지난 세기 동안 한국 교회는 후세에 교회 역사를 가르치는 일에 소홀했다. 이제까지 한국 교회는 새로운 세대의 문화에 적응하고 젊은이들을 교회에 끌어들이는 일에만 열심을 냈다. 그러나 젊은이들이 교회를 떠나는 현상은 교회가 현대 문화를 제대로 수용하지 못한 탓이기도 하지만, 과거 조상들의 훌륭한 신앙을 정확히 전달하지 못했기 때문이기도 하다.

후세에게 교회 역사를 가르쳐야 할 이유는 그들이 교회 역사를 배우면서 살아 있는 하나님을 목도할 수 있기 때문이다. 한국 교회가 후세에게 교회 역사를 제대로 가르치지 못한 이유 중 하나는 성장에서 찾을 수 있다. 이 얼마나 역설적인 현상인가. 한국 교회는 지난 반세기 동안 성장을 향해 달려가느라 그동안 이루어온 것을 돌아보고 그 의미와 교훈을 되새길 겨를이 없었다. 지금 눈앞에서 벌어지는 성장 속도에 발을 맞추기도 벅찼기 때문이다.

지금이라도 우리는 130년의 교회사를 돌아보고 중요한 교훈을 후손들에게 전해야 한다. 역사는 수업을 통해서만 배우는 것이 아니다. 사람을 통해 배울 수도 있다. 구약 성경에 등장하는 '아브라함과 이삭과 야곱의 하나님'이라는 표현에는 자신의 눈으로 보고 함께 살았던 부모와 할아버지를 통해서 살아 계신 하나님을 배웠다는 의미가 담겨 있다. 앞으로 한국 교회가 새로운 문화적 도전 앞에서 계속 성장하고 신앙의 맥을 이어가려면 부모 혹은 조부모에게 역사하셨던 하나님을 젊은 세대에게 보여주어야 한다.

역사 나누기에도 3단계 인간관계 법칙을 적용할 수 있다. 교회 역사와 관련된 이야기를 삼대에 걸쳐 전달하는 것이다. 주일학교 사역에 부모님뿐 아니라 할머니, 할아버지가 참여하는 프로그램을 기획할 수도 있다. 한국 교회가 급성장해온 지난 수십 년간 교회들은 날마다 새롭게 변화하는 문화에 적극적으로 대응하는 것만 생각해왔다. 젊은이들을 놓치지 말아야 한다는 강박관념 때문에 새로운 방법만 모색해왔다. 하지만 지금 우리는 여전히 교회를 떠나는 젊은이들 때문에 고민한다. 변화하는 젊은 세대의 문화를 적절히 반영하면서 그들과 함께 가야 하겠지만 동시에 과거 교회 역사에서 신앙의 선배들이 어떻게 신앙을 지켜왔는지 가르치고 전수하는 작업도 반드시 필요하다.

SNS의 위력과 한계

인터넷이 널리 보급되고 스마트폰이 등장하면서 소셜 네트워킹 서비스SNS의 기능이 점점 더 중요해지고 있다. 문명의 이기를 통해 새로운 차원의 관계가 등장한 것이다. SNS는 익명의 사람과도 연대하고 가치관을 공유하면서 공통 관심사나 가치에 헌신하게 만든다. 문화, 국경, 언어의 차이를 넘어 의미 있는 가치나 목표를 통해 하나가 될 수 있는 것이다. 인터넷을 통해 중동 지역에서 일어난 민주주의의 물결을 상징하는 '재스민 혁명'은 SNS의 영향력을 단적으로 보여주는 사례다.

교회도 앞으로 SNS를 통해 관계망을 새로 형성하고 목회 사역의 새로운 영역을 연구하고 개척해야 한다. 예를 들어 SNS를 통해 기성세대와 신세대를 이어주는 의사소통 방법을 모색할 수 있다. 교회의 광고 내용을 SNS를 통해서 젊은이들에게 주중에도 알리는 것은 좋은 방법이다. 이를 통해 교회 내 세대 차이를 극복하고 문화적 차이를 넘어 공존하고 협력할 수 있다. 또 역으로 SNS 활용법을 기성세대들에게 적극적으로 가르치고 알릴 수도 있다. 적극적으로 신앙생활을 하지 않는 일명 '선데이 크리스천'과의 의사소통에 SNS를 활용해보자. 믿지 않는 세상 사람들과의 의사소통이나 사회개혁을 위한 연대 방법을 모색하는 등 SNS를 이용해 교회 사역을 무궁무진하게 확장해나갈 수 있다. 이를 통해 세상에 좀 더 가깝게 다가가고 그들과의 관계 형성을 통해 영향력을 끼칠 수 있는 목회 방법을 개발하고 확대해나가야 할 것이다.

그러나 아무리 SNS를 통해 의사소통의 혁신이 일어났다고 해도 사람들은 여전히 초기 인류의 관계 패턴을 유지하고 있다. 시대가 변해도 오프라인에 존재하는 교회 공동체는 여전히 의미가 있다. 무엇보다도 성경이 공동체를 절대적으로 지지하고 신학적으로도 공동체는 중요한 의미를 갖는다. 그리고 현대인들은 아직도 관계를 갈망한다.

사이버 교회가 등장했지만 활동이 뜸한 이유도 사람들이 추구하는 관계 패턴과 관련이 있다. 초기에 인터넷 사용이 확산되자 인터넷 환경에 빨리 적응하며 앞서가던 목회자들이 사이버 공간에서 이루어지는 목회의 필요성을 강조하면서 사이버 교회가 등장했다. 그 후 꽤 오랜 시간이 지났지만 기대만큼 성장하지는 않았다. 교회는 물리적 공간을 공유하고 서로 부대끼면서 하나가 된다. 주님의 몸과 피를 나누고 온 교회가 한 몸인 사실을 확인하는 성찬의 풍성한 의미를 사이버 공간에서는 구현하기가 어렵다. 주님도 부활하신 후에 제자들과 영으로만 교제하지 않고 제자들 앞에 직접 나타나 조찬을 나누셨다. 자기 몸에 난 못 자국과 창 자국을 보여주며 만져보라 하셨다.

삶의 궁극적인 목표를 세우고 이를 위해 삶 전체를 헌신하는 성도를 기대한다면 SNS보다는 직접 만나 눈을 맞추고 악수를 나누는 것이 훨씬 효과적이다. 얼굴과 얼굴을 마주하고 공간과 시간을 공유하는 만남이 진정한 만남이다. 관계를 통해 서로를 감화시키고 영적으로 교통하고, 이런 작용을 통해서 영적 스파크가 일어나기를 소망한다면 직접 성도를 만나라.

5

힘이 많으면 더 많이 도울 수 있다는 성장 중심의
논리가 잘못된 것이라고 말할 수는 없다. 하지만
힘을 갖는다는 것 자체가 영적 삶의 본질을 거스
르는 측면이 있다는 사실을 명심하고 스스로 성
장 중심의 가치관과 거리를 두어야 한다.

153 교회가
성장할 때

성장의 사회적 배경과 교회의 공적 책임

153 교회의 목회 실천 과제를 살펴보았으니 이제 153 공동체가 양적으로 성장해서 150명을 넘어설 때 어떻게 이끌어나갈지 고민해볼 차례다. 153 교회가 양적으로 성장하면 규모 면에서 다시 대형 교회가 될 텐데, 관료화된 기존 대형 교회의 전철을 밟지 않고 공동체의 고유한 특성을 유지하려면 어떻게 해야 할까? 여기에 대한 답을 찾으려면 먼저 한국에서 대형 교회가 탄생하게 된 배경을 사회적인 맥락에서 살펴볼 필요가 있다. 한국 사회에서 대형 교회가 차지하는 위치를 정확히 진단해야 153 교회가 나아갈 방향을 제시할 수 있기 때문이다.

우리나라는 해방 이후 근면 성실한 국민성과 높은 교육열을 바탕으로 급속한 경제 성장을 이루었다. 그리고 그 중심에는 강력한 지도력을 갖춘 카리스마형 지도자들이 있었다. 사회 발전 과정상 시대적으로 강력한 카리스마를 지닌 지도자가 필요했기 때문이다. 이런 현상은 종교계도 예외가 아니었다. 개신교를 대표하는 인물로 한경직 목사가 있었고 그 뒤를 이어 현재 교계를 이끌고 있는 대형 교회 지도자들이 대거 등장했다. 사실 한국의 대형 교회는 근면 성실을 중시하는 직업윤리, 높은 교육열, 일등주의, 전통적으로 모이는 것을 좋아하는 정情의 문화, 유행에 민감하게 반응하는 감각적 성향과 쏠림 현상, 카리스마 넘치는 지도자 등 여러 사회적 요인이 복합적으로 작용해서 탄생했다.

대형 교회가 탄생하게 된 이런 배경을 감안할 때 현 한국 교회의 실상을 진단할 때도 우리는 동일하게 사회 발전의 관점에서 객관적으로 바라볼 필요가 있다. 그런 점에서 필자는 21세기에 접어든 지 10여 년

이 지난 지금의 사회 흐름에서 볼 때 성장일변도의 목회 방식은 시대 흐름에서 벗어난 것으로 본다. 대형 교회라는 존재 자체가 시대적 요구에 적합하지 않을뿐더러 현 대형 교회에 깊이 스며든 가치관과 목회 관행들 중 시대적 가치에 반하는 것들이 상당하다. 결론적으로 한국 교회는 더 이상 교회의 대형화를 추구해서는 안 된다. 대형 교회가 21세기 한국 사회에 거룩한 영향력을 발휘하려면, 성장 중심의 가치관과 목회 방법을 버리고 이 시대가 요구하는 가치와 정신을 잘 파악하여 끊임없이 교회의 참 모습을 추구해야 한다. 다시 말해 21세기에 한국 교회가 나아갈 방향을 제시할 수 있는 새로운 가치를 찾아야 한다.

교회 안에 스며든 시장 논리

스캇 서마Scott Thumma와 데이브 트레비스Dave Travis는 21세기에 들어서면서 미국 대형 교회 지도자들이 미국 교회의 미래에 결정적인 영향을 끼친다고 지적한다. 대형 교회가 다른 교회의 혁신, 변화, 성장의 못자리가 되고 있다는 얘기다. 교회 성도들은 대형 교회와 그 교회 목회자들을 모델로 자기 인생의 실마리를 찾으려 하고 있다. 과거 신학교 교수나 교단 지도자, 인기 있는 저술가들이 주로 서던 대형 집회와 모임에 지금은 대형 교회 목회자들이 나서고 있다. 실제로 윌로우크릭 교회의 빌 하이벨스 목사나 새들백교회의 릭 워렌 목사는 미국 개신교를 대표하는 오피니언 리더로 부상했다. 이들은 미국뿐 아니라 세계적인 강사로 활동하며 수많은 책을 내고 방송에 출연하고 정기적으로 순회 집회도 갖는다.

한국 대형 교회도 이와 다르지 않다. 교회를 크게 키운 목회자들의 의견이 한국 교회의 목소리를 대변한다. 많은 교회가 대형 교회의 목회 방법을 배우고 따라한다. 대형 교회가 채택한 방법론과 가치관을 교회 성장의 정석으로 받아들인다. 대규모 집회, 방송, 출판 등 대형 교회 목회자들의 교회 밖 활동도 전국적으로 활발하게 이루어지고 있다. 대형 교회의 재정 능력 역시 여러 차원에서 영향력을 발휘한다. 대형 교회가 여러 기관과 사역에 기부하는 헌금이 교계의 흐름을 좌우한다. 사회적으로 정부나 기관들이 교계에 접촉할 때도 대형 교회 목회자들을 먼저 찾는다.

이런 영향력은 규모가 크고 힘이 있기 때문에 나오는 실제적인 영향력이다. 하지만 그 영향력이 과연 복음의 본질을 전하고 사람들을 그리스도에게 인도하는 거룩한 영향력인지에 대해서는 좀 더 솔직하고 철저한 진단이 필요하다.

마이클 샌델Michael J. Sandel은 《왜 도덕인가Public Philosophy》에서 시장 논리가 공교육을 쇠퇴시키고 있다고 주장한다. 리복이나 맥도날드 같은 기업이 학교에 광고를 하고 광고 매출의 일정 비율을 학교에 돌려주는 방식으로 기업과 학교가 제휴하는 것이 대표적인 예다. 시장 논리를 따르는 이런 방식이 교육 재원 확보에 도움이 되는 건 사실이다. 하지만 학교가 광고 수단으로 이용되는 탓에 학교의 본질이 훼손될 위험이 도사리고 있는 것 또한 사실이다.

마이클 샌델의 관점에서 대형 교회를 면밀히 살펴보면 교회가 여러 면에서 시장자본주의의 논리를 그대로 따르고 있다는 사실을 부인하기 어렵다. 시장 논리의 가장 큰 문제점은 시장의 해법이 어느 시점에 도달하면 그것이 가져다주는 이익의 성격을 훼손시킨다는 점이다. 교회도 마찬가지다. 근사한 예배당, 잘 짜인 프로그램, 풍부한 인력과 최신 장비, 교육 시설 등 물량을 앞세운 목회 방법을 통해 많은 사람이 교회로 향하는 것이 교회 성장에는 분명 도움이 된다. 하지만 이로 인해 신앙 공동체로서 교회의 고유한 특성이 훼손되는 것 또한 부인할 수 없는 사실이다. 물량을 앞세운 교회의 대형화가 영적 본질을 훼손시키는 것, 이것이 문제의 핵심이다.

고든콘웰 신학교의 조직신학자이자 역사신학 교수인 데이비드 웰스 David Wells는 "신학은 교회가 세계를 향해 설득력 있게 말하되 그 세계에 적절한 방식으로 말할 태세를 갖추는 일"이라고 했다. 대형 교회가 물량을 앞세워 세상에 접근해서 복음을 전하는 것이 얼핏 보기에는 적절한 방법처럼 보일지 모른다. 하지만 그 방법이 본질을 훼손하는 결과로 이어진다면 설득력 있거나 적절한 방식이라 할 수 없다. 데이비드 웰스는 목회자에 대해서도 동일한 논조를 펼친다. 그는 대형 교회 목회자들을 가리켜 기업가와 경영자의 마음으로 틈새시장을 찾는 능력이 탁월한 사람들이라고 말한다. 한국의 대형 교회 목회자들에게도 그대로 적용되는 말이다. 물론 목회자가 경영의 관점에서 사역의 효율성과 전문성을 높이는 것도 필요하다. 하지만 효율성과 전문성을 추구하는 과정에는 항상 세속화의 위험이 도사리고 있다. 한국 교회를 성장시키는 과정에서 경영 능력과 역할을 살려 교회의 규모를 키운 목회자가 많이 있다. 그리고 그들이 교회 세속화에 앞장섰다는 사실도 부인할 수 없다.

153 교회는 무엇보다 목회자의 정체성을 가장 중요하게 생각한다. 그래서 목회자가 세속적인 영향을 받지 않고 정체성을 지킬 수 있는

목회 방법을 모색하려 한다. 그래야 교회의 영적 본질과 사명을 해치지 않으면서 합리적이고 효율적으로 공동체를 이끌어갈 수 있다고 보기 때문이다.

교회의 존재 이유: 세상의 빛과 소금

1970년대부터 한국 교회가 폭발적으로 성장하자 교회론에 대한 관심이 깊어졌다. 수많은 사람들이 교회에 몰려들면서 성도들이 하나님과 성경을 바로 알고 올바르게 신앙생활하며 성숙한 모습으로 교회를 섬길 수 있도록 훈련해야 할 필요성이 생겼다.

이 과정에서 성도 훈련의 의미와 방법을 위한 교회론은 주로 신약성경 에베소서에 근거한 것이었다. 그 핵심을 정확히 집어낸 대표적인 책이 바로 옥한흠 목사의 《평신도를 깨운다》였다. 교회론과 목회 철학을 함께 제시한 책으로 특별히 에베소서 4장에 나오는 교회 일꾼을 세우는 내용을 강조하고 있다. 교사와 말씀 전하는 자의 중요성과 함께 평신도로서 훈련을 받고 평신도를 훈련하는 일의 중요성을 강조했다. 그 방법으로 제시된 제자훈련 프로그램은 한국 교회 성장의 한 줄기 맥을 형성할 정도로 성공적이었다.

그런데 이 교회론의 초점이 교회를 크고 강하게 만드는 데 있었고 결과도 그러했다는 점에 주목해야 한다. 교회가 훈련하는 제자도의 핵심이 많은 물질과 시간을 드려 교회를 위해 열심히 봉사하는 데 있었다. 그리고 교회는 가르친 대로 순종하는 사람들에게 인정과 칭찬, 격려와 함께 교회에서 지도자의 역할을 할 수 있는 직분과 지위를 부여했다. 이 과정에서 계속적인 성장을 추구하는 교회 지도자들의 열심과 노력은 성도들의 헌신과 상승 작용을 일으키며 교회를 놀랍도록 성장시켰다.

하지만 성도들의 이런 훈련과 성숙이 교회 밖에 있는 세상보다는 교회 안의 사역에 초점이 맞추어졌다는 사실을 간과해서는 안 된다. 즉 신앙 성숙을 위한 영성 훈련이 결국에는 교회 장로나 권사가 되는 필수 코스로 변질된 일면이 있다는 말이다. 처음부터 그럴 의도가 있었던 것은 아니지만 교회 규모가 방대해지면서 그런 성격으로 변질되어 버린 측면이 없지 않다. 그리고 이 과정에서 교회가 부여하는 지위와 명예를 통해 자아를 실현하려는 욕망이 성도들 사이에서 고개를 들었다. 목회자들 역시 성도들이 열심을 내는 이유 중에 인간적인 욕심을 채우려는 동기가 있다는 것을 모르지 않았다. 그런데도 그런 동기가 교회 성장에 긍정적이고 효과적으로 작용하는 측면이 많았기에 묵인하고 지나쳐버렸다. 현재 많은 교회의 제직 선거에서 나타나는 극심한 경쟁과 불화는 이 사실을 뒷받침해준다. 결국 신앙 성숙을 위한 노력이 교회를 비본질적인 것을 놓고 치열하게 경쟁하는 이전투구의 장으로 만들어버린 것이다.

폭발적인 성장기에 한국 교회는 성도됨의 본질이 '세상의 빛과 소금'이 되는 것이라는 교회론의 관점을 강조하지 못했다. 궁극적으로 교회가 존재하는 이유는 성도들이나 교회 자신을 위해서가 아니라 세상을 위해서다. 그런 의미에서 한국 교회는 교회론을 재정립해야 한다. 성도들이 이 사회에서 다른 사람들과 어떻게 어울리고 그리스도인의 정체성을 지키며 어떻게 살 것인지를 고민해야 한다. 153 교회는 교회가 존재론적 관점에서 제 역할을 감당하도록 목회하는 신앙 공동체를 지향한다.

평신도의 등장과 목회자의 권위

한국 교회의 성장은 평신도의 등장을 불러왔다. 교회 규모가 커지면서 목회자 중심의 사역에서 평신도들이 중추적인 역할을 하는 쪽으로 변화되었다. 평신도들이 한국 교회의 성장과 발전에 기여한 공로는 지대하다. 목회자들의 헌신과 지도력이 중요한 역할을 했지만, 그와 함께 성도들의 헌신과 노력이 있었기에 오늘의 한국 교회가 있을 수 있었다.

그런데 한 가지 흥미로운 사실은 성도들을 교회 일꾼으로 키우는 일이 결국에는 교회에서 목회자의 권위를 강화하는 것으로 귀결되었다는 점이다. 교회 밖에서 다양한 분야에서 지도자로 일하는 평신도들이 영적 권위를 가진 목회자 앞에서 신앙적으로 고개를 숙이는 것은 아름다운 일이다. 하나님의 기름부음을 받은 종을 존경하고 그 권위를 인정하는 것은 성숙한 모습이자 성도의 의무이기도 하다.

그런데 안타깝게도 그런 아름다운 모습이 본 의미를 잃고 목회자의 권위를 지나치게 추켜세우는 결과를 가져왔다. 담임목사가 장로나 권사 등 제직의 인사권을 쥔 조직의 최고 결정권자로 자리매김하게 된 것이다. 평신도들은 직분을 받기 위해 결정권자 앞에 고개를 숙이는 형국이다. 그리고 이런 목회 관행은 목회자와 평신도 사이에 갈등을 불러일으키는 원인이 되었다. 사실 이런 현상은 사람들이 모인 곳에서 늘 일어나는 일이고 교회도 예외가 아니다. 내면의 동기나 욕망을 잘 살펴서 스스로 절제를 잘하면 좋겠지만 이는 결코 쉬운 일이 아니다.

결국 평신도들의 헌신과 순종은 목회자의 과대자기를 양산했고 유교적 권위주의에 영적인 의미까지 가미되어 교회 공동체 안에 심각한 문제를 야기하기에 이르렀다.

목회자의 권위는 교회가 철저한 유기 조직이라는 관점에서 이해해야 한다. 신앙 공동체는 본질상 법률 규정에 의해 구성되고 움직이는 조직이 아니라 신앙에 뿌리를 둔 자율 조직이라는 점을 고려해야 한다는 말이다. 교회가 이런 특성을 유지하고 발전시켜 나가려면, 건강한 동기에서 비롯된 자율적인 협조 체제를 구성하는 것이 중요하다. 자율적인 체제나 문화가 없으면, 지도자의 권위에 반발하거나 반대하는 일이 생길 때 해결할 방법이 없다. 교회 안에서 생긴 갈등으로 교회가 힘들어지는 이유는 목회자와 성도의 관계 혹은 성도 간의 관계가 비자발적 관계로 묶여 있기 때문이다.

153 교회는 그런 점에서 목회자의 정체성과 역할을 재조명한다. 교회의 영적 권위에 순종해야 한다는 점은 목회자에게도 동일하게 적용되는 원리다. 즉 목회자는 교회의 주인이 하나님이라는 엄연한 사실을 명심해야 한다. 당회장 또는 담임목사라는 자리는 자기 입맛에 맞게 권한을 행사할 수 있는 사적인 권위가 아니라 하나님의 영광과 교회 공동체를 위해 올바로 사용해야 하는 공적 권위다.

21세기에 목회자가 감당해야 할 영적 리더십이 어떤 모습으로 발휘되어야 하는지 다시 생각해볼 때다. 21세기가 요구하는 리더십은 과거와 다르다. 한국 교회가 폭발적으로 성장하던 시기에 강한 카리스마를 발산했던 리더십을 이제 좀 더 합리적인 모습으로 바꾸어야 한다. 목회자는 평신도의 성장을 받아들이고 그들의 다양한 전문성과 지도력을 인정하고 합리적으로 대화하며 관계를 형성해야 한다. 그것이 의식 있는 영적 지도자의 자세다. 좀 더 구체적으로 목회자는 평신도들이 무조건 자기의 영적 권위를 인정해주길 바라기보다 자기가 먼저 평신도를 인정하고 섬기는 자세를 지녀야 한다. 그리고 영적 권위를 행사하는 그 자리도 하나님이 세워주신 자리라는 사실을 명심하고 두렵고 떨리는 마음으로 사역에 임해야 한다.

교회의 공적 책임

하나님과의 개인적이고 인격적인 관계를 통한 신앙의 성숙을 강조하는 경건주의가 교회 성장의 토대가 된 것은 틀림없는 사실이다. 그러나 한국 교회가 세속화의 길을 걷는데 아무런 힘을 발휘하지 못한 이유 또한 여기에 있다. 하나님과의 관계에 집중하려던 것이 의도치 않게 개인주의 혹은 이기주의 신앙의 뿌리가 되어버린 것이다. 경건주의가 신앙 성숙의 디딤돌이자 걸림돌이 된 셈이다.

마이클 샌델은 《왜 도덕인가》라는 책에서 공정한 시민사회를 위한 시민의 책임에 대해 이야기한다. 그런데 시민의 공공의식 또는 공적 책임에 가장 큰 걸림돌 중 하나가 바로 시장 원리다. 마이클 샌델은 21세기에는 시장 원리가 비시장적 규범에까지 파고들면서 감당할 수 없는 현상이 나타났다고 주장한다. 시장 원리는 단기간의 이익을 보장해줄 수 있으나 나중에는 공동체의 규범의 질을 떨어뜨리기 쉽다. 바로 이것이 문제다.

한국 사회는 경제 논리가 모든 가치 판단의 기준이 된 지 오래다. 한국 사회가 안고 있는 문제들의 근본 원인 중 하나도 바로 이것이다. 한국 경제가 성장하는 과정에서 함께 성장해온 한국 교회가 알게 모르게 시장 원리에 잠식되어 왔다는 사실을 우리는 겸허히 인정해야 한다. 이 점을 솔직히 인정하고 교회의 정체성을 다시 세워야 한다. 그러나 시장 원리가 성도들의 가치관과 생활방식, 교회 생활과 목회 방식에까지 깊숙이 들어와 있기 때문에 정체성을 다시 세우는 일은 결코 간단하지 않다.

1992년에 리처드 세넷Richard Sennett은 《공인의 몰락*The Fall of a Public Man*》에서 신앙의 사유화에 대해 지적했다. 1960년대부터 기독교 신앙이 개인의 사적 친밀감을 만족시키는 역할로 전락하면서 교인들이 공적 영역의 방관자가 되고 말았다는 것이다. 한국 교회는 구원이 하나님과 자신의 일대일 관계에 관한 것이라는 점을 강조하는 경건주의로 인해 신앙의 사유화를 정당화했다. 하나님과의 개인적이고 인격적인 관계가 중요하다는 사실은 아무리 강조해도 지나치지 않다. 하지만 하나님과의 영적인 관계에 집중한다며 공적 삶과 책임을 등한시한다면, 하나님과의 친밀감은 무책임한 자기도취에 지나지 않는다.

개인의 정체성은 사회와의 교류를 통해 형성된다. 사회와의 접촉을 통해 사회가 생각하는 나와 내가 생각하는 나 사이에 갈등이 생긴다. 이 갈등이 균형과 조화를 이룰 때 건강한 정체성이 형성되는 것이다. 한국 교회 성도들의 영적 정체성은 바로 이 점에서 균형을 이루지 못한 듯하다. 그리스도인은 하나님과의 개인적인 관계를 통해 하나님의 자녀라는 정체성을 확립해야 한다. 또한 이 세상에서 빛과 소금의 역할을 감당해야 한다는 사회적 정체성도 확립해야 한다. 그런데 한국 교회 성도들은 복음주의 전통에서 강조하는 영혼 구원이라는 절대적인 가치 때문에 그리스도인이 감당해야 할 사회적 책임을 충분히 성찰하지 못했다.

교회사에 나타난 수도원 공동체

이제 대형 교회가 안고 있는 문제점을 극복하고 대안을 제시하기에 앞서 교회사 속에 나타난 수도원 공동체에 대해 살펴보자. 수도원이야말로 153 교회가 지향하는 공동체의 모습을 가장 잘 보여주기 때문이다. 이에 수도원의 발달 과정과 다양한 형태를 살펴보면서 153 교회 공동체의 핵심 가치와 기준을 제시하려 한다.

교회사적으로 볼 때 수도원은 타락한 교회의 문제점을 극복하려는 동기에서 생겨났다. 153 교회라는 대안 모델이 세속적으로 타락한 현대형 교회의 문제점을 극복하려는 동기에서 제시되었다는 점을 감안할 때 153 교회가 추구하는 가치는 수도원 공동체가 추구했던 가치와 일치한다. 특별히 153 교회가 소규모 공동체의 삶을 추구한다는 점에서 그러하다.

교회사에 존재했던 공동체는 크게 수도 공동체, 생활 공동체, 공동체 교회 세 가지로 나뉜다. 수도 공동체와 생활 공동체는 구별된 공간에서 구성원 모두가 함께 살아간다. 153 교회는 실제로 이런 공동체 생활을 하지는 않는다. 그러니 세 번째 형태인 '공동체 교회'를 추구한다고 할 수 있다. 153 교회가 공동체 교회를 추구한다는 것은 목회적 관점에서 교회의 현 구조를 해체하지 않는 범위 안에서 공동체적 가치를 삶 속에서 구현한다는 뜻이다. 좀 더 구체적으로 말하자면, 153 교회는 수도 공동체와 생활 공동체가 추구했던 신앙생활의 중요한 가치와 양식을 적극적으로 수용하는 공동체 교회를 지향한다. 이를 위해서는 수도원 영성의 핵심으로 꼽는 철저성, 가시성, 갱신지향성을 갖춰야 한다.

첫째, 수도원에서는 철저한 제자의 삶을 실현하고자 엄격한 규율, 영구 거주, 순종, 엄격한 생활, 육체노동, 기도의 삶과 예배를 지향했다. 뿐만 아니라 복음의 본질을 구현하고자 확대 가족의 개념을 가지고 있었으며 경제적으로도 유무상통하는 삶을 추구했다. 둘째, 수도원에서는 신앙의 추구와 선언이 관념적 성찰이 아닌 실제 삶을 통해 이뤄졌다. 즉 도덕적으로 엄격하고 단순한 삶을 지향하고 정신적 · 물질적 삶에서 제자도를 구현했다. 이것이 바로 가시성이다. 특히 수도원은 육체노동을 강조하면서 노동 윤리를 새롭게 가르쳤다. 셋째, 수도원은 세속화되어가는 현실 교회에 대한 저항과 회복에 대한 열망을 가지고 시작되었다. 수도원이 추구했던 이 세 가지 지향점은 153 교회가 추구하는 공동체성을 세우는 데 필요한 핵심 기준들이다.

그럼 이제 수도원 운동의 역사를 간략히 살펴보면서 153 교회가 추구하는 목회적 가치를 신학적으로 정리해보자. 이는 교회의 공동체적 측면을 살펴보려는 시도인 만큼 초대교회의 공동체성과 기독교 공인 과정부터 살펴보아야 할 것이다.

초대교회부터 기독교 공인까지

학자들은 초대교회 당시 예루살렘 공동체를 이룬 성도의 수가 약 1만여 명에 달하는 것으로 추정한다. 사도행전에 따르면 이들은 예배를 드리고 말씀을 공부하고 전도하며 살았을 뿐 아니라 경제생활에서도 자발적으로 유무상통하는 삶을 살았다. 그렇다고 그 많은 사람들이 단일 공동체를 이루어 한 지역에 모여 산 것은 아니다. 아마도 예루살렘 전 지역에 퍼져 있었을 것이고, 간혹 같은 지역에서 함께 생활하는 것이 가능한 사람들끼리는 공동체 생활을 했을 것으로 추정할 수 있다. 사도행전 2장에 나오는 120명의 성도가 과연 어떻게 모이게 된 것인지는 알 수 없다. 하지만 주님께서 승천하신 이후에 함께 모여 기도했던 것으로 미루어볼 때 어느 정도 공동체로서 응집력을 가지고 있었다고 할 수 있다. 초대교회는 그렇게 공동체적인 삶을 살다가 핍박이 심해지자 유럽 전역으로 흩어졌고 그럼에도 공동체적 삶을 통해 신앙의 본질을 유지했을 것이다.

초대교회는 기독교가 국교로 공인되기까지 계속되는 핍박을 견뎌야 했다. 기독교의 공동체적 특성은 이런 환경 속에서 자연스럽게 강화되었을 것이다. 함께 삶을 공유하면서 믿음을 굳건히 하지 않고는 신앙을 지키기가 거의 불가능했을 터이니 말이다.

콘스탄티누스 대제 때 기독교가 국교로 공인되자 교회에는 많은 변화가 생겼다. 기독교가 사회적으로 인정받고 핍박이 사라지자 성도들은 더 이상 세상과 대적할 필요가 없어졌다. 목숨을 걸고 지켜왔던 신앙의 자유가 생겼다. 그러나 긍정적인 변화만 있었던 것은 아니다. 교회 안에 세속 문화와 세상 권력이 일거에 유입되기 시작했다. 어느 날 황제가 오랫동안 핍박하던 기독교를 공인하면서 누구든 믿어도 좋다고 허락했다고 상상해보라. 사람들이 기독교를 어떤 눈으로 바라보고 어떻게 행동했을지 불 보듯 뻔하다. 2007년에 교회 장로인 이명박 후보가 대통령에 당선되자 그가 출석하던 교회의 성도 수가 한 달 만에 약 3,000명이나 증가했다는 이야기를 들은 적이 있다. 로마 황제의 기독교 공인도 이와 비슷한 현상을 불러왔을 것이다.

당시 많은 귀족과 권력자가 자신의 힘과 권력을 지키기 위해 교회 문턱을 드나들었을 것이다. 그들에게 교회 출입은 자신의 세속적 가치와 문화를 즐기는 연장선에 불과했다. 세상은 교회를 인정하고 세상 사람들은 교회를 찾았다는 점에서 기독교 공인은 분명 환영할 일이었다. 문제는 그 과정에서 세속 가치를 인정하고 때로는 타협하는 일들이 불가피했다는 점이다. 한마디로 교회의 세속화가 이뤄진 것이다. 이런 세속화는 결국 심각한 타락으로 이어졌고, 이에 대한 반발로 교회 갱신 운동이 뒤따른 것은 당연한 수순이었다.

초창기 교회 갱신 운동

최초의 교회 갱신 운동은 고대 몬타누스주의자들이 교회의 제도화 경향에 반발하면서 시작되었다. 이 운동은 나중에 기독교 변증가인 터툴리안으로 이어진다. 이들이 주도한 교회 갱신 운동은 나중에 이단으로 정죄되었지만, 영적 능력보다 신학 지식을 중시하는 데 실망한 사람들이 성령 충만을 경험하는 초대교회로 돌아가려 했던 공동체 운동이다.

세속화의 길을 걷는 교회 안에서 하나님과 동행할 수 없다고 생각한 사람들은 수도 생활을 통해 돌파구를 찾으려 했다. 초기에는 사회로부터 구별된 삶과 극단적인 금욕을 추구하는 은둔주의 형태가 주를 이뤘다. 초기 은둔 수도자인 테베의 바울Paul of Thebes은 굴에서 거의 대추만 먹으며 평생 기도하는 삶을 살았다. 비교적 부유한 가정에서 태어난 안토니우스Antonius도 온전하기를 원하면 소유를 팔아 가난한 자들에게 주라는 주님의 명령(마 19:21)을 따라 모든 재산을 정리하고 사막으로 가서 금욕적인 삶을 살았다.

은둔자들이 늘어나면서 새로운 형태의 수도 생활이 등장했다. 혼자 생활하던 형태에서 공동으로 함께 사는 형태로 변화된 것이다. 이를 계기로 수도자와 공동생활이라는 두 가지 의미가 합해져서 공동 생활하는 수도자를 뜻하는 '시너바이트cenobite'라는 용어가 나왔다. 파코미우스Pachomius가 노동과 예배로 이루어지는 수도자의 일상생활 모델을 완성시키기도 했다. 이때 생긴 수도원에서는 극단적인 빈곤을 강요하지는 않았지만 빵, 채소, 과일, 생선을 먹게 했고 고기는 일절 금했으며 수도사들이 생산한 작물을 매매하기도 했다.

수도원 운동은 기존 교회 안에서도 일어났다. 아타나시우스Athanasius는 수도사가 아니라 감독이었지만 황실의 박해를 받자 수도원으로 피신해서 수도원의 규율을 따르면서 헌신과 희생을 생활 규범으로 삼았다. 제롬Jerom은 《은둔자 바울의 생애Life of Paul the Hermit》를 집필하고, 파코미우스의 《규율집Rules》을 라틴어로 번역했다. 참회록을 쓴 히포의 위대한 감독 아우구스티누스도 수도원에 준하는 공동체를 조직했으며 투르의 주교 마르티누스Martinus는 수도원의 이상을 일반화시키는 데 크게 공헌했다.

애초에 수도원 운동의 확산은 교황과 감독을 중심으로 한 제도권 교회의 사치 및 세속화에 대한 저항에서 비롯되었다. 그리고 세월이 흐르면서 수도원 운동은 성직 제도가 추구해야 할 이상이 되었다. 감독은 수도사의 모습을 닮아야 한다고 생각한 것이다. 이에 도시에 사는 제도권 교회 감독이나 신학자들도 수도 생활을 하면서 균형 잡힌 신앙을 추구하게 되었다. "은둔자는 돌아오기 위해 사막으로 간다"는 말이 이런 변화를 대변한다. 수도원 운동은 이런 과정을 거쳐 교회 갱신과 구제와 선교까지 감당하게 되었다.

서방 수도원 운동

서방에서 일어난 수도원 운동은 동방에서처럼 고독한 은둔 생활을 이상으로 여기지 않았다. 서방 수도원 운동의 대표 주자는 베네딕트 수도원이다. 베네딕트 수도원은 극단적인 금욕주의 대신에 엄격하지만 과하지 않은 질서와 규범을 통해 지혜로운 수도 생활을 추구했다. 무엇보다 영구 거주와 순종의 원칙을 강조했고 기도를 수도 생활의 핵심으로 여겼으며 모든 수도자에게 육체노동을 요구했다. 당시 중상류층 기사들과 수도원 출신이 아닌 성직자들은 대부분 노동을 천한 것으로 여겼다. 하지만 서방 수도원 운동은 가장 고상한 영적 훈련과 고단한 육체노동이 조화를 이룰 수 있다는 사실을 보여주었다. 베네딕트가 공동체의 수도 생활을 위해 작성한 《규율집^{Rules}》 덕분에 베네딕트 수도원은 서방 수도원의 모델이 되었다. 수도원은 많은 사람에게서 토지나 재산을 기부 받아 구제기관, 병원, 학교의 역할까지 하게 되었다.

수도원이 계속 성장하면서 학문적 가르침이 중요해졌으며 수도원에 재산을 기증하는 사람이 늘어나면서 병원과 여관의 역할까지 담당하게 되었다. 하지만 제도 교회가 수도원에 토지를 하사하고 교인들이 많은 헌금을 하면서 수도원은 부와 권력을 소유하게 되었고, 결국 교황청과 감독들이 그랬듯 타락의 길을 걷게 되었다.

수도원 개혁은 애퀴테인의 공작이었던 윌리엄 3세가 작은 수도원을 창설하면서 시작되었다. 그는 자신의 사냥터인 클루니를 수도원 부지로 기증하면서 초대 원장으로 베르노Berno를 초청했다. 베르노 이후 유능한 수도원장이 계속 이어지면서 약 200년간 개혁이 지속되었고 그 과정에서 개혁의 바람이 광범위하게 불었다.

하지만 클루니의 개혁은 빈곤 문제에 대해 애매한 태도를 취했다. 무엇보다 많은 물질을 기증받으면서 재산이 늘어나자 노동을 하지 않고 경건생활만 이어나가는 것이 문제였다. 성직 매매가 이뤄지고 세속 영주의 권리를 수도원이 계승했다. 결국 11세기에 들어 교회 개혁은 실패로 돌아갔다.

그 후 교회 개혁 운동은 빈곤을 강조하는 쪽으로 흐름이 바뀌었다. 거처를 옮기며 설교하고 전도하는 수도사가 등장한 것이다. 청빈을 강조한 프란체스코 수도회가 탄생한 것도 이때다. 이들은 가난한 자와 적극적으로 연합했다. 가난한 자를 돕는 일을 행사나 사역이 아니라 삶으로 접근한 것이다. 이들은 적극적으로 가난을 실천했다.

수도원 소유의 재산이 늘어나자 수도원 역시 세속 권력과 물질을 손에 넣으며 타락의 길을 걸었던 기존 교회의 전철을 그대로 밟았다. 흥미로운 사실은 20세기 자본주의 사회에서 태동한 대형 교회 역시 수도원이 재산 증식을 통해 걸었던 성장과 타락의 길을 똑같이 걷고 있다는 점이다. 한국 교회는 많은 성도들의 헌신과 헌금을 통해 성장을 거듭하며 대형화되었고 그 과정에서 목회자들은 대단한 영적 권위와 힘을 소유하게 되었다. 그 결과 대형 교회 담임목사들은 주일 설교와 교회 운영, 당회원 위주의 성도 관리를 제외하고 성도를 돌보고 양육하는 목회의 일차적 책임은 대부분 부목사에게 맡기고 있다. 이는 물질적으로 풍요로워지자 더 이상 노동을 하지 않고 경건생활에만 집중하다 타락하고 만 옛 수도원들과 크게 다르지 않다.

개신교 공동체

종교개혁 시대에 등장한 재세례파 공동체도 제도화된 교회를 문제로 인식하면서 시작되었다. 재세례파 공동체는 가톨릭의 수도원을 제외하고 가장 오랫동안 지속된 개신교 공동체로 현재까지 약 500년 이상 이어지고 있다. 현재는 네덜란드에서 시작된 메노나이트, 독일의 후터형제회, 아미쉬파, 이렇게 세 부류가 있다. 이들은 "기독교인의 삶에 대해 사고하기보다 삶을 그대로 사는 것에 더 관심을 가졌다." 공동체는 신학을 가지고 사변적 논쟁을 하는 것이 아니라 신앙의 삶을 살아가는 것이 우선이다.

재세례파 프랭클린 리텔Franklin Littell은 현대 교회의 특징을 '말 많음과 실천의 분리'로 보았다. 재세례파는 성실, 비타협, 검소한 생활, 도덕적 순결을 강조했다. 단순한 삶을 강조하고 경제적으로 풍요로운 삶에 반대했다. 프리드만은 형제를 돌보지 않고는 구원을 받을 수 없다고 말할 정도로 재세례파 공동체의 핵심인 형제 돌봄을 강조했으며 이 정신이 개인 생활에서도 그대로 드러나야 한다고 보았다. 즉 공동체의 삶과 형제애가 경제적인 삶의 실천으로 나타나야 한다는 말이다. 특히 후터형제회는 재산 공유를 지향하면서 완벽한 공동체를 추구했다. 재세례파에 속한 해럴드 벤더$^{Harold Bender}$ 교수도 교회를 '위임받은 제자들의 형제관계로 구성된 공동체'로 묘사한다.

공동체적 삶을 추구하는 153 교회

한국 교회는 한때 1,000만 명이 넘는 성도 수를 자랑했다. 국회의원의 3분의 2가 기독교인이라고 한다. 제헌국회가 기도로 시작되었다는 점에 대해서도 긍지를 갖고 있다. 그리고 대형 교회가 늘어가는 것을 자랑스럽게 생각한다. 사회 지도자와 공직자들 중 기독교인이 많다는 사실도 기쁘게 여긴다. 예수를 믿는 운동선수나 연예인의 간증이 대중매체를 타고 전해질 때 감사하는 마음도 갖는다. 다른 나라 교회들이 한국 교회를 부러워하고 성장 비결을 배우려고 몰려오기도 한다. 이것이 현 한국 교회의 위상이다. 그러나 사회에서 교회의 위상이 높아지는 만큼 세속화의 위험도 높아진다는 사실을 잊지 말아야 한다.

수도원 운동은 로마가 기독교를 국교로 공인하면서 시작된 교회의 세속화에 대한 저항으로 시작되었다. 그렇다면 현 한국 교회에서 교회의 세속화에 저항할 수 있는 사람은 과연 누구일까? 한국 교회가 지금의 난관에서 빠져나올 수 있게 인도해줄 신학적 출구는 어디에 있을까? 지금 우리 주변에는 기독교의 본질을 회복하고 잘못된 관행을 바로잡고 교회를 새롭게 세우려는 기독교 단체와 NGO가 많이 있다. 한국 교회 주변에 이런 파라처치가 많아지는 것은 바람직한 현상이다. 하지만 무엇보다 교회 자체가 갱신되어야 한다. 그런 점에서 나는 한국 교회 전체의 갱신을 위해 153 교회 운동이 절실히 필요하다고 생각한다.

교회 갱신에 대한 책임 의식

대형 교회의 대안을 제시하기에 앞서 우리는 교회의 세속화 과정에 주목하지 않을 수 없다. 신앙 공동체를 결속시켰던 외부의 핍박이 지금은 존재하지 않는다. 따라서 스스로 신앙 공동체를 결속하려는 의지와 노력이 더욱 절실하다. 자본주의 시대에 우리를 가장 힘들게 하는 요인 중 하나는 바로 물질이다. 주님께서도 하나님과 재물을 겸하여 섬길 수 없다고 말씀하시지 않았던가.

따라서 나는 물질적으로 유무상통하는 일이야말로 공동체를 결속시키는 노력의 핵심이라고 본다. 말하자면 물질을 공유하는 것을 '핍박'으로 삼겠다는 결단이 필요하다. 자본주의 사회에서 유무상통은 자신을 힘들게 하는 일이고 서로를 얽매는 고통스러운 일이다. 너와 나의 권리와 의무를 확실히 구분하는 개인주의 문화에서 물질을 유무상통한다는 것은 불편하고 힘든 일일뿐 아니라 실천하기도 어렵다. 하지만 그렇게 함으로써 가족을 넘어 모든 성도가 서로를 하나님 안에서 형제자매로 인정하고 더불어 사는 공동체를 이룰 수 있다.

코이노니아*koinonia*에는 '성도들의 쓸 것을 공급한다'는 의미도 포함되어 있다. 따라서 코이노니아 공동체란 단순히 만나서 찬양하고 즐겁게 교제하는 것에서 그치지 않고 형제를 물질적으로 돕는 유무상통의 삶을 사는 공동체다.

153 교회 목회에서 중요하게 생각하는 핵심 가치 중 하나는 "현 교

회 구조 안에서 물질적으로 유무상통하는 삶을 어떻게 실천하며 살아갈 것인가"에 있다. 여기에 대해서는 앞으로 더 많은 논의와 연구가 이루어져야 할 것이다. 반갑게도 최근 이런 신앙 공동체를 추구하는 교회가 하나 둘 생겨나고 있다. 유무상통을 통한 관계 변화와 성숙이야말로 공동체를 유지하는 비결이라 할 수 있다.

그러나 153 교회는 한 곳에 모여 함께 생활하는 공동체가 아니다. 따라서 유무상통의 원리를 교회에 실제로 적용할 방법과 수단을 개발하는 것이 큰 과제다. 기존 교회들이 하는 방식을 그대로 따라서는 새로울 것이 없다. 그런가 하면 초대교회처럼 유무상통하는 공동체를 추구하는 것도 비현실적이다. 따라서 면밀한 연구를 통해 새로운 방식을 제안하고 실천해나가야 한다.

삶을 공유하는 공동체

앞에서 살펴본 대로 초기의 갱신 운동은 사변적 신앙에서 벗어나 삶이 동반되는 신앙을 추구했다. 그리고 이를 위해 금욕적인 수도 생활과 공동체 생활을 했다. 153 교회가 교회 안에서 성도 간의 관계를 가장 중요하게 생각하는 이유가 여기에 있다. 단순히 예배를 드리기 위해 교회에 나오는 것이 아니라 함께 공동체 생활을 한다는 차원에서 깊이 있는 관계를 형성하려는 것이다.

무엇보다 성도 각자가 자신과 가족 전체의 삶을 교회의 모든 성도들과 공유한다는 의식이 필요하다. 먹는 것과 입는 것을 비롯해 삶의 모든 면에서 신앙적인 방법이 무엇인지 함께 고민하고 공유해야 한다. 학교 교육 형태로 되어 있는 주일학교 체제 역시 자녀들의 삶을 통합적으로 다루는 차원에서 접근해야 한다. 자녀들을 어떻게 키우고 양육할지, 자녀 교육에 부모들이 어떻게 관여할지도 함께 고민하며 풀어가야 한다.

물론 성도들이 삶의 영역을 어디까지, 그리고 얼마나 깊이 나눌 수 있을지는 실제로 목회를 하면서 확인해나가야 할 부분이다. 아마도 목회 과정에서 많은 시행착오를 거치며 자연스럽게 윤곽이 드러날 것으로 전망한다. 목회자는 이 과정에서 힘든 일을 많이 접하게 될 테지만, 공동체 신앙을 유지하려는 소신을 가지고 성도들을 인도해야 한다. 어쨌든 150명 규모의 공동체를 유지하면서 구성원들이 최대한 공동체다운 삶을 도모하는 것이 153 교회의 기본 전제다.

헌금 사용에서의 혁신

이 책은 한국 교회가 크게 성장하는 과정에서 세속화되었다는 점에 주목하여 대형 교회의 대안으로 153 교회를 제시하고 있다. 이는 17세기 경건주의 운동이 '교회 안의 작은 교회ecclesiola in ecclesia'를 추구했던 것과 맥을 같이 한다. 150명으로 규모를 제한한 이유는 모든 성도가 서로 교제하며 살 수 있고, 또 그래야만 한다는 전제가 깔려 있기 때문이다. 153 교회가 수도원의 가치와 정신을 구현하느냐 못하느냐는 철저한 제자의 삶을 사느냐 그렇지 않느냐에 달려 있다. 여기에서 핵심 관건은 '경제적으로 어떻게 유무상통하는 삶을 살 것인가'다.

153 교회가 경제적으로 유무상통하는 공동체에 가까워지려면 앞으로 많은 논의와 연구가 필요하다. 무엇보다 현재 한국 교회가 실천하고 있는 십일조를 철저하게 실천해야 한다. 성경적인 십일조는 수입의

십분의 일을 드리는 것만으로는 부족하다. 현재 한국 교회에는 십일조 말고도 많은 종류의 헌금이 있다. 그런 헌금들을 어떻게 정리해서 새롭게 제시할 것인지도 연구해야 할 부분이다. 그러나 무엇보다 성경의 가르침에 따라 기쁜 마음으로 자원해서 헌금할 수 있는 신앙의 성숙이 요구된다.

헌금을 드리는 것도 중요하지만 헌금을 사용하는 것은 더 중요하다. 구약 성경은 헌금 사용에 대해 구체적으로 언급하고 있다. 한국 교회는 지난 130년 동안 다른 어떤 종교보다 구제 활동을 많이 했다. 그러나 교회가 성장하면서 불어난 헌금을 올바르게 사용했는지에 대해서는 재고해볼 일이다. 한국 교회는 폭발적으로 성장하는 과정에서 성경적인 헌금 사용 방법을 깊이 있게 연구하고 신중하게 실천하는 데 부족함이 많았다. 그 결과 대형 교회의 재정 사용 방식에 심각한 문제가 노출되었다.

몇 년 전에 삼성이 고故 이병철 회장 시절부터 관리해온 비자금이 4조 3,000억에 이르는 것으로 드러나 비난이 쏟아졌다. 이에 대해 한 전문 경영인은 당시의 조잡한 회계 방식으로는 기업이 벌어들인 천문학적인 수익을 제대로 처리할 수 없었다고 설명했다. 구차한 변명이긴 하지만 그 말은 결국 기업이 얻은 수익을 사회적 차원에서 사용하는 법을 알지 못했다는 말이다. 이를테면 장학재단이나 사회적 기업 설립을 통해 수익을 사회에 환원해야겠다는 의식이 없었던 것이다.

대형 교회의 재정 사용 문제도 이런 맥락에서 이해할 수 있다. 1970년대 이후 성장에 성장을 거듭하면서 교회에는 엄청난 헌금이 들어왔다. 마침 한국 경제도 획기적인 성장을 거듭하던 시기였다. 그 시절 교회를 크게 키운 담임목사에게는 회사 CEO와 같은 권한이 주어졌고 교회도 헌금을 안일하게 사용했다. 현재 많은 대형 교회가 사회의 기준에서 볼 때 공정성, 투명성, 합리성에서 자유롭지 못하다. 이는 담임목사뿐 아니라 함께 교회를 치리하는 당회의 책임이기도 하다. 그런 점에서 153 교회는 철저한 신학적 검증을 통해 신뢰할 수 있는 방식으로 헌금을 사용해야 할 것이다.

바람직한 헌금 사용법에 대해 이 자리에서 모든 이야기를 다 할 수는 없다. 개요만 이야기하자면 153 교회에서는 크게 세 부분으로 헌금을 사용해야 한다. 첫 번째는 교회 안에서 목회 전반의 필요를 채우기 위해, 두 번째는 153 공동체를 넘어 세상을 섬기고 구제하기 위해, 세 번째는 세상을 향한 다양한 사역을 연구 및 개발하고 실천하기 위해서다. 이 세 부분에 재정을 어떻게 배분할지는 교회 규모와 성장 과정에 따라, 그리고 각 교회의 특성을 감안하여 융통성 있게 결정해야 한다.

이 중에서 특별히 강조하고 싶은 부분은 세 번째다. 적극적으로 나눔과 섬김 사역을 하려면 대상에 대한 충분한 이해와 연구가 이루어져야 하기 때문이다. 또한 섬김 사역을 감당할 수 있도록 성도들을 준비시키고 훈련해야 할 뿐더러 훈련 방법에 대해서도 철저하게 연구해야 하기 때문이다. 프린스턴 신학대학원의 아스머 교수가 실천신학의 과제와 방법론에서 제시한 바에 따르면, 한국 교회는 서술적-경험적 과제 수행 능력이 가장 떨어진다. 섬김의 대상에게 관심을 기울이고 그들에게 정말 필요한 것이 무엇인지 파악하는 능력이 가장 부족하다는 말이다. 이는 성장 중심의 사고방식과 결과 및 목표에만 집착하는 성향에서 비롯된 현상이다. 153 교회 목회에서는 나눔 및 섬김 사역을 하는 것도 중요하지만, 그 과정에서 사역을 감당하는 사람들이 영적으로 성장하는 것도 그에 못지않게 중요하다. 그래야 복음의 영향력이 사회 안으로 깊이 스며들 수 있기 때문이다.

수년 전 높은뜻숭의교회가 서울역 뒤에 있는 쪽방 사람들의 생활상을 보고 쪽방 탈출 헌금을 하기로 했다. 쪽방 사람들은 하루에 만원을 벌어서 방 값으로 4,000원을 내고 나머지 돈으로 세끼를 해결했다. 처지가 그렇다 보니 전세금을 마련하는 것이 현실적으로 불가능했다. 그런데 당시 본인이 전세금의 반을 마련하면 정부가 나머지 반을 융자해 주는 제도가 있었다. 그래서 교회가 쪽방 생활자를 대신해 절반의 전세금을 마련하고자 쪽방 탈출 헌금을 하기로 한 것이다. 이는 교회가 사회의 아픔과 고통에 관심을 기울이고 고민하고 연구한 끝에 이루어진 것이다. 이를 통해 교회는 자긍심을 얻었고 사회에도 감동을 줄 수 있었다.

질서 있고 절제된 식사 문화

예전에 다일공동체에서 함께 식사를 한 적이 있다. 영성 수련에 참여한 모든 사람들이 함께 모여 이른바 '진지 기도문'을 함께 낭독하고 식사를 시작했다. 비교적 조용한 분위기에서 식사를 마친 뒤에는 곧바로 다 함께 다시 기도를 하고 마무리했다. 교회 식당에 줄을 섰다가 각자 음식을 받아 급하게 먹고 끝내는 분위기에 익숙했던 터라 내게는 그 식사 시간이 소소하면서도 거룩한 경험으로 다가왔다. 무엇보다 식사 분위기에서 공동체의 힘과 의미가 느껴졌다.

153 교회가 기독교 초기의 교회 공동체 생활에서 특별히 본받고 싶

은 것 중 하나가 바로 식사 문화다. 우리 문화는 먹는 것을 중심으로 이루어져 있다고 해도 과언이 아닐 정도로 식사 문화가 중요한 위치를 차지한다. 따라서 식사 문화를 통해 공동체 문화를 만들어가는 것은 대단히 중요한 목회 전략이다. 현재 한국 교회에서는 친교를 위해 주일 점심을 제공한다. 얼핏 보면 성도들이 밥 한 끼 먹는 것에 불과하지만, 지혜롭게 활용하면 교회 공동체를 하나로 결속하고 역동적인 움직임을 만드는 발판으로 삼을 수 있다. 보통 교회에서는 대부분 가족끼리 혹은 아는 사람들끼리 식사를 한다. 그래서 식사 시간이 성도 간에 친밀한 교제를 나누는 시간이 되지 못하고 그저 한 끼 식사를 해결하는 것으로 끝나버린다.

153 교회에서 추구하는 식사 문화의 핵심은 질서와 절제다. 때가 돼서 허기를 해결하는 차원에서의 식사가 아니라 공동체가 하나님의 식탁에 함께 참여한다는 엄숙한 분위기에서 음식을 나누는 것이다. 새신자를 맞을 때도 기존 교회에서처럼 분리된 공간에서 식사하고 담임목사를 만나게 하지 않는다. 담임목사를 만나는 것도 중요하지만 공동체와 식사를 함께하면서 거룩한 식탁의 의미를 경험하는 것이 더 중요하기 때문이다.

여기에 한 가지 덧붙이자면 절제된 식단을 준비하는 것이다. 먹는 것에서부터 신앙 훈련이 시작된다는 의미에서 절제된 식단을 준비하는 것 또한 중요하다. 한때 사회적으로 음식 낭비를 줄이려고 노력하면서 교회에서도 나름대로 1식 3찬 운동을 하던 때가 있었다. 지금도 그때처럼 검소한 식단을 준비하는 교회가 많이 있다. 중세 수도자들의 식단을 연구하고 그 의미를 성도들에게 가르치고 실천하게 하는 목회적 노력을 더한다면 공동체 문화를 형성하는 데 큰 도움이 될 것이다.

그런 점에서 무엇보다 중요한 것은 식사 분위기다. 교회에서는 대개 많은 성도들이 줄을 서서 각자 식사를 배급 받아 먹기 때문에 대단히 어수선하다. 이런 분위기를 개선하려면, 식탁에 음식을 차려놓고 성도들이 자리에 모두 앉은 뒤 함께 음식을 나누는 방법도 있다. 어떤 형태든 153 교회는 식사 시간에 공동체적인 신앙고백과 나눔의 분위기가 느껴지도록 함께 기도함으로 식사를 시작하고 함께 마치는 질서 있는 문화를 만들어가야 한다. 더 나은 식사 문화를 위해 다양한 방법을 개발하고 시도하는 것이 신앙 공동체로서의 교회 분위기를 조성하는 데 도움이 될 것이다.

거룩한 노동이 있는 공동체 문화

서방 수도원 운동의 핵심 가운데 하나는 노동의 의미와 가치를 조명하면서 교육과 병원, 구제 사역을 감당했다는 점이다. 153 교회는 여기에서 목회적으로 중요한 교훈을 배워야 한다.

교회 안에서 노동의 의미를 최대한 살리려면 실제로 몸을 써서 노동을 하는 목회 프로그램을 개발하는 것이 바람직하다. 이를테면 예수원의 노동 시간처럼 말이다. 하지만 도심에 있는 교회들이 노동의 기회를 마련하기란 현실적으로 쉽지 않다. 기껏해야 주방 봉사 정도인데, 그것으로는 노동의 신성한 의미를 체험하기에 역부족이다. 교회 안에서 노동의 기회를 마련하기 어렵다면, 마을이나 이웃으로 눈을 돌리는 방법도 있다. 교육 기관이나 병원, 구제 기관을 방문해 봉사 활동에 지속적으로 참여하는 것도 한 방법이다.

21세기 한국 사회의 문화 코드는 봉사를 통한 나눔과 섬김이다. 한국 교회도 이 부분에 대해 적극적으로 그리고 깊이 있게 연구하여 참여해야 한다. 1990년 이후 사회 정의, 개혁, 돌봄, 구제 등의 가치를 표방하며 수많은 NGO가 생겼다. 그런데 정작 교회는 이런 시대 흐름에 거의 눈을 감고 있었다. 그동안 한국 교회는 주로 온정주의 차원에서 고아원이나 양로원을 방문하거나 해외 또는 다른 지역에 교회를 개척하는 일에만 관심을 가져왔다. 교회를 세우는 일이야 주님이 오실 때까지 계속해야 할 일이지만, 이제는 나눔과 섬김을 통해 교회를 세워가는 방법이 훨씬 더 효과적이라는 사실을 알아야 한다.

행함과 존재가 분리되지 않는 공동체

윌리엄 락스타인William Rakstein은 탁발수도회를 '중세를 통틀어 가장 유익했던 사회운동'으로 평가한다. 십자군 정신이 팽배하던 중세 시대에 탁발수도회는 신앙의 열정을 재결집하는 중추적인 역할을 했다. 탁발수도회가 세상으로부터 환영을 받은 이유는 공동생활을 하면서 동시에 교회 밖에 있는 사람들에게 복음을 전했기 때문이었다.

한국 사회에서 신뢰를 회복하기 위해 153 교회가 제일 먼저 해야 할 일은 참된 제자의 삶을 사는 것이다. 성장을 이끌었던 동기나 성장제일주의 가치관을 철저히 배제하고 교회 안에서 경건의 삶을 회복하는 것이 153 교회 목회의 핵심이다. 경건의 모양이 아니라 경건의 능력이 나타나야 한다. 공동체적 삶을 살아가는 경건, 돌봄과 나눔과 섬김과 희생을 삶으로 실천하는 경건 말이다.

교회 공동체가 제자도의 삶을 살려면 무엇보다 먼저 목회자가 가치관을 재정립하고 목회자의 정체성을 제대로 찾고 새로운 목회 방식을 철저하게 적용하고 삶으로 드러내되 늘 갱신을 추구해야 한다. 그래야만 153 교회의 가치에 적합한 구체적인 목회 방법이 나올 수 있다.

153 교회는 21세기에 맞는 방식으로 세상과 접촉한다. 그런 점에서 NGO의 정신과 활동 방식이 153 교회가 추구하는 방식과 가장 유사하다. 기독교 단체들은 이 세상의 정의, 평화, 인권, 복지, 환경의 문제를 전문적으로 다루면서 적극적으로 활동해야 한다. 이를 통해 기독교가 이 사회를 바르게 하고 개선하는 일에 관심이 있다는 사실을 보여 주는 것이다.

153 교회는 가난한 자를 돕는 사역을 '행함'의 관점보다는 '존재'의 관점에서 먼저 실천한다. 그래서 가난한 자를 돕는 것보다 내가 가난해지는 것이 더 중요하다. 가난을 추구하는 삶을 통해 권력과 특권, 지위에 대한 인간의 본능을 스스로 통제하려는 것이다. 규모를 키우고 숫자를 늘리는 성장 본위의 가치관은 결국 권력과 명예를 좇아가는 것이기 때문이다. 힘이 많으면 더 많이 도울 수 있다는 성장 중심의 논리가 잘못된 것이라고 말할 수는 없다. 하지만 힘을 갖는다는 것 자체가 영적 삶의 본질을 거스르는 측면이 있다는 사실을 명심하고 스스로 성장 중심의 가치관과 거리를 두어야 한다.

아직도 한국 사회는 기독교의 가치와 문화, 제도가 일천하다. 따라서 교회는 기독교의 가치를 내포하는 법과 제도, 문화 창달에 관심을 기울여야 한다. 이는 단순히 믿음만 갖는다고 되는 것도 아니며 교회 숫자가 늘고 성도가 많아진다고 되는 것도 아니다. 성숙한 인격과 탁월한 전문성을 바탕으로 꾸준히 노력해야 할 문제다. 153 교회가 21세기 한국 사회에서 교회 갱신을 위해 이루려는 목표가 바로 이것이다.

역사의식이 살아 있는 교회

신앙 공동체의 교육은 대개 개인의 자의식 개발, 공동체 의식 개발, 역사의식 개발이라는 세 가지 측면에서 이뤄진다. 지금 교회의 현실에서 가장 중요한 것은 바로 역사의식 개발이다. 한국 교회가 성장 중심의 패러다임을 벗어나 시대의 요구에 맞는 새로운 패러다임을 찾지 못하는 이유는 역사의식이 부족하기 때문이다. 153 교회는 변화하는 시대 속에서 하나님의 뜻을 찾는 것을 중요하게 생각한다. 그리하여 교회가 세상을 섬기기 위해 추구해야 할 시대적 가치와 문제를 찾고자 노력한다.

앞에서 살펴본 수도원 운동은 사실 평신도 운동이라는 데 그 의미가 있다. 도시와 노동자 계급이 생겨나고 사회적으로 일대 전환기를 맞이하자 수도원은 사회 변혁의 주체가 되고자 했다. 특히 탁발수도회는 수도원을 떠나 세상으로 들어가서 민중을 위해 교회를 세우고 전도하는 데 앞장섰다. 수도원의 정신과 삶의 방식을 시장터로 가져 간 것이다.

탁발수도회는 당시 교구들도 하지 못하던 도시 빈민 사역을 했고 평신도 설교와 평신도 선교 사역을 담당했다. 탁발수도회는 이를 통해 거대한 수도원들이 부를 축적하고 사치를 일삼으며 타락하는 동안 놀라운 개혁을 이루고 사회에 영향을 끼쳤다. 한마디로 탁발수도회는 13세기의 제자 공동체였다.

탁발수도회는 신앙과 사랑, 관심과 활동, 평안과 투쟁이라는 다소 상충되는 요소들이 묘하게 조화를 이루는 성숙한 영성을 보여주었다.

153 교회가 추구해야 할 것이 바로 이 조화의 영성이다. 교회 안에서는 공동체의 삶을 통해 하나님과의 인격적인 관계를 강화하는 훈련을 하고, 세상과의 관계에서는 관심과 준비와 헌신과 사역의 방향을 철저하게 시대의 눈에 맞추어야 한다. 21세기 교회 공동체가 세상과의 관계에서 탁월한 전문성을 갖춰야 하는 이유가 여기에 있다.

153 교회는 나름의 가치 기준이 있는 공동체로서 정체성을 유지하려고 노력해야 한다. 그러나 다른 교회에 배타적인 자세를 취해서는 안 된다. 교회사를 돌아보면 교회 갱신을 위해 문을 연 수도원도 우월의식 때문에 역기능을 드러내지 않았던가. 아무리 훌륭하고 성숙한 공동체라도 언제든지 타락할 수 있다는 점을 명심해야 한다. 섰다고 생각하는 자는 넘어질까 조심하라는 바울의 권면을 가슴 깊이 새겨 교만하지 않도록 늘 초심을 유지해야 한다.

특별히 사회봉사와 구제 활동을 강조하다 보면 은혜의 의미를 약화시킬 수 있다는 점에 주의해야 한다. 행위에 대한 책임을 강조하다 보면 하나님의 은혜의 중요성을 간과할 수 있다. 따라서 성도들은 세상에 대한 공적 책임을 다하기 전에 피조물로서의 겸손과 구원받은 백성으로서 하나님의 은혜에 대한 감사와 감격을 잃지 않아야 한다. 하나님의 은혜에 대해 신자들이 감사와 감격으로 반응하는 것이 바로 예배다. 153 교회가 예배 중심의 공동체적 삶을 최우선 목표로 삼는 이유도 여기에 있다.

대형 교회의 대안으로서의 153 교회

한국 교회가 폭발적으로 성장하던 시기에는 성장이 곧 모든 문제를 해결하는 답이었다. 성장이 유일한 목표였고 유일한 해결책이었다. 교회를 성장시키는 목사가 능력 있는 종이고 최고의 목회자였으며 교회 성장을 발판 삼아 스타 목사가 탄생했다. 모든 목회자가 열심히 목회했고 성도들은 최선을 다해 교회를 위해 헌신했다. 한국 교회사에 그런 은혜의 기간이 있었다는 사실에 우리는 하나님께 전심으로 감사해야 한다. 이렇게 놀라운 성장의 시간이 없었다면 한국 교회는 지금과 같은 위상과 영향력을 얻지 못했을 것이다.

한국 교회의 부흥과 발전은 국가의 경제 발전과 맥을 같이 했다. 1960년 이후 한국 사회는 30여 년 이상 놀라운 경제 성장을 이루었고 1990년대 이후부터는 분배에 관한 담론이 본격적으로 시작되었다. 그리고 10여 년 전부터는 국가 정책과 방향이 복지 국가를 향하고 있다. 변화의 방향을 둘러싸고 여전히 갈등과 논쟁이 이어지고 있지만, 적어도 한국 사회가 앞으로 복지 국가를 향해 발걸음을 옮겨야 하는 것만은 자명한 사실이다.

한국 교회는 이런 사회 변화를 역사의 흐름으로 인식하고 이를 복음을 전달하는 옷으로 삼아야 한다. 153 교회의 의미가 바로 여기에 있다. 한국 사회가 더 이상 성장 중심의 사회가 아닌 만큼 한국 교회도 더 이상 성장 지향의 목회 철학을 붙들고 있어서는 안 된다. 성장을 지향하는 목회 철학은 153 교회가 추구하는 방향이 아니다. 그렇다고 무턱대고 성장을 거부하는 것은 절대 아니다. 다만 성장 대신 가치를 추구할 뿐이다. 153 교회는 가치 지향적이다. 분명한 가치를 내세우고 이 시대에 교회가 해야 할 일, 이 사회가 교회에 기대하고 요구하는 일에 관심을 기울이며 복음 진리를 전하는 것이다.

그렇다면 153 교회가 양적으로 계속 성장할 때에는 어떻게 해야 할까? 우리에게는 이에 대한 분명한 청사진이 필요하다. 교회가 영적 생명력을 지닌 공동체라면 양적으로 계속 성장하는 것이 당연하다. 성장은 살아 있는 생명체의 본성이기 때문이다. 그러나 앞에서 주지했듯이 성장에는 잠재적인 위험성과 중독성이 내재해 있다. 교회에 자리가 부족할 정도로 사람들이 몰려오면, 목회자들은 들뜬 마음에 교회가 추구해야 할 가치와 정체성을 순간적으로 잊어버리기 쉽다. 성도 수가 늘어나면 공간 증축에 여념이 없는 모습은 성장이 안고 있는 이런 중독성을 드러내는 것이다. 따라서 153 교회 목회자들은 성도 수가 150명을 넘어설 때도 153 교회의 목회 철학과 방법론을 따라 목회해야 한다는 사실을 명심해야 한다.

성도 수가 150명을 넘어설 때의 목회 전략

교회가 성장해서 성도 수가 150명을 넘어서면 성도들 간에 모르는 사람이 생겨나는데, 이는 매우 중요한 변화다. 새로운 사람들이 많아져서 모르는 사람들이 생겨나면 교회 전체의 역동성에도 변화가 생기고 교회와 목회의 본질까지 달라질 수 있기 때문이다. 목회자는 이 점을 명심하고 변화의 시점을 주시하면서 앞으로의 목회 방향을 정하고 그에 맞는 준비를 해야 한다.

성도 수가 150명을 넘어설 때 목회자는 공동체를 둘로 분리할 준비를 해야 한다. 교회 분리는 방법론 이전에 가치관의 문제이자 153 교회의 기본이 되는 목회 철학이다. 여기서 분리란, 교회를 둘로 나누어 반드시 다른 곳에 또 하나의 교회를 세워야 한다는 뜻이 아니다. 그런 방법도 있을 수 있지만 분리의 1차적 의미는 153 교회가 공동체의 역동성을 유지할 수 있는 목회 방법을 철저하게 적용해야 한다는 말이다. 공간적으로는 하나의 지붕 아래 있더라도 목회 내용과 교회 운영 면에서는 두 공동체로 분리되어야 한다는 말이다.

성도 수가 150명을 넘어 계속 성장하면 반드시 또 한 명의 동역자가 필요하다. 따라서 목회자는 공동체 분리를 염두에 두고 분리될 공동체를 섬길 지도자를 준비시켜야 한다. 당연히 그 지도자는 앞에서 말한 대로 153 공동체가 성장하는 과정에서 자연스럽게 리더로 부상한 사람이어야 한다.

온전한 생명력을 갖춘 공동체가 성장하는 것은 지극히 당연하다. 이는 생명력을 갖춘 세포가 자연스럽게 세포 분열을 하는 것과 같다. 그러나 분열되는 세포가 생명을 유지하려면 그 안에 세포핵과 유전자를 제대로 갖추고 있어야 한다. 마찬가지로 153 교회가 형성되는 과정에서 성도들 간에 친밀한 관계가 이뤄지고 그중에서 지도자로 부상하는 사람이 있으면, 자연스럽고 건강하게 공동체를 분리할 수 있다.

목회의 본질도 지키고 효율성도 높이고

어느 정도 규모가 있는 교회를 관찰해보면 효율적인 목회를 위해 행정 체계가 필요하고 유용하다는 사실을 알게 된다. 문제는 교회가 커질수록 행정 체계가 점점 더 관료화된다는 데 있다. 그러면서 신앙과 교회의 본질을 위협하는 조직의 경직화, 권위의식, 책임 회피, 의무적인 관계, 경쟁의식 등이 조직 내부와 사람들 사이에서 자라난다. 효율적인 목회를 위해 행정 체계나 운영 체계가 필요하지만, 어느 지점을 넘어서면 목회의 의미가 퇴색되어 단지 대형 조직을 유지하고 관리하는 일로 의미가 변질되고 만다. 잃어버린 한 마리의 양을 찾는 것이 목회의 기본 정신이라면, 경영의 관점에서 볼 때 목회는 비효율적인 측면이 있어야 한다. 그러나 그렇다고 성도들을 효율적으로 관리하지 않을 수도 없다.

나는 이런 딜레마를 인식하고 목회의 본질을 잃지 않으면서 효율적으로 관리할 수 있는 목회 방법에 관심을 갖고 연구했다. 그리고 목회 방법론이 아니라 교회 규모가 핵심이라는 결론에 도달했다. 교회는 성도 수가 150명 내외일 때 공동체의 특성을 유지할 수 있다. 그렇다고 모든 교회가 성도 수를 150명으로 제한해야 한다고 주장하는 것은 아니다. 본질을 잃지 않고 목회가 가능한 인원을 응용해서 적용하면 약 1,800명 또는 1,800가정 정도다. 이 정도 숫자라면 대형 교회라고 할 수 있다. 물론 이 숫자는 목회자의 능력이나 교회 구성원의 성숙도, 교회 위치, 교회 전통 등 여러 요인에 따라 달라질 수 있다.

1,800명이라는 숫자는 150명 규모의 공동체를 기본으로 할 때 기본 단위의 공동체가 한 교회 안에 12개까지 가능하다는 가정에서 나온 것이다. 즉 150명으로 구성된 153 공동체가 12개가 될 때의 숫자가 1,800명이다. 또한 나는 담임목회자가 멘토의 위치에서 인격적인 신뢰를 바탕으로 목회 비전을 나누며 함께 동역할 수 있는 부교역자 수가 최대 12명이라고 본다. 따라서 153 공동체의 최대 숫자가 12개 이

듯 부교역자의 수도 최대 12명을 넘으면 안 된다. 12명은 예수님께서 3년 동안 집중적으로 관계를 맺고 양육한 제자들의 숫자이기도 하다. 실제로 제자훈련을 오래 해온 목회자들도 12명 내외가 소그룹 인원으로 가장 적절하다고 말한다.

현재 한국 교회에는 대형 교회의 문제를 인식하고 소신 있게 작은 교회를 목회하는 사람들이 꽤 있다. 각자 목회하는 교회의 규모는 다양하지만, 이들은 자신들의 목회 경험에 비추어볼 때 교회의 본질을 지키려면 공동체 규모가 최대 300명을 넘어서면 안 된다고 주장한다. 따라서 교인 수가 300명을 넘어서면 자율성과 독립성을 보장하면서 공동체를 완전히 분립해야 한다고 말한다. 공동체가 그 이상 커지면 목회자나 교회가 현 대형 교회가 가지고 있는 부정적인 요소들을 차단하는 것이 거의 불가능하다는 이유 때문이다.

그들은 이 책에서 주장하는 대로 153 공동체의 특성을 유지하면서 한 지붕 아래 여러 공동체가 존재하는 것은 가능하지 않다고 말한다. 그들의 주장은 지극히 현실적인 판단에 따른 것이다. 나 역시 교인 수가 많아지면 153 공동체의 본질을 유지하기가 어렵다는 점을 충분히 인정하고 공감한다. 그런 점에서 교회가 150명을 넘어 성장할 때 목회자는 153 공동체의 정신을 잃지 않도록 신중에 신중을 기해야 한다. 하지만 이론적으로 볼 때 각 공동체의 독립성을 보장하면서 한 교회 안에 여러 공동체가 공존할 수 있다는 가능성 자체를 부인하고 싶지는 않다.

성장에 대비한 체제 구축: 분리와 연합

개신교의 태생적 한계 중 하나는 개교회주의다. 한국 교회의 문제점을 논하고 대안을 찾다 보면 마지막에 부딪히는 한계가 개교회주의다. 특히 교회가 사회적인 역할을 감당하거나 교회 전체가 힘을 결집해야 할 때 타종교에 비해 현저하게 뒤떨어질 수밖에 없는 이유는 개신교가 개교회주의의 바탕을 가지고 있기 때문이다. 바티칸과 교황을 정점으로 하는 가톨릭의 성직 계급은 적어도 세계의 모든 가톨릭교회를 하나로 통제하고 관리할 수 있을 만큼 강력한 체계다. 하지만 개신교는 모든 것이 각 교회의 담임목회자에게 달려 있다. 물론 개교회의 상위 기관으로 노회와 총회가 있지만, 개교회의 목회 철학이나 방법론을 통제할 수는 없다. 무엇보다 전 세계적으로 약 700개가 넘는 개신교 교파가 존재한다는 사실이 개신교의 개교회주의를 여실히 증명한다.

개교회주의에 바탕을 두고 있다 보니 개신교에서는 교회의 빈익빈 부익부 현상이 두드러진다. 대형 교회는 거의 모든 것이 차고 넘친다. 프로그램 운영, 자료 제작, 사역, 인원, 재정 등 모든 면을 자체적으로 감당할 수 있을 정도로 자원이 풍부하다. 반면에 100명이나 50명 미만의 교회들은 목회자의 기본 생활이 어려울 정도다. 최근 들어 매주 7개의 교회가 문을 닫는다는 통계는 결코 과장이 아닌 것 같다.

개교회주의의 한계로 지적되는 또 하나의 현상은 바로 연합 사역이 거의 이루어지지 않는다는 점이다. 개신교에서는 총회 차원에서 또는 사회적으로 연합 사역을 추진하려 할 때 협력이 잘 이뤄지지 않는다. 간혹 협력이 이루어진다고 해도 큰 교회의 영향력이 일방적으로 작용하거나 교회 또는 목사의 이름을 남기고 영향력을 행사할 수 있는 자리를 마련하는 형태로 이루어진다. 권력지향적인 한국 문화와 성숙하지 못한 목회자들로 인해 생기는 현상인데, 이 문제를 해결할 뾰족한 대안이 없다. 그런 점에서 우리는 교회 연합을 위해 좀 더 나은 제도와 문화를 만들어가야 할 책임이 있다.

그러나 연합을 위한 노력은 제도를 만들기 전에 가치와 인식의 차원에서 접근해야 할 문제다. 대형 교회는 성장을 거듭하다가 몰려드는 인원을 수용하지 못할 정도가 되면 십중팔구 교회 확장을 추진한다. 본래의 교회당을 헐고 더 큰 예배당을 짓는 것이 최선이지만, 그것이 불가능할 때는 교회 주변 지역을 조금씩 확장해나간다. 여러 건물로 흩어져 예배드리는 성도들을 위해 TV 모니터를 통해 예배를 중계한다. 그것도 여의치 않으면 다른 지역에 교회 부지를 구입하고 제2의 예배당을 짓는다. 그리고 대부분 담임목회자가 양쪽을 모두 관리한다.

이는 물질의 힘과 효용만 따지는 사고방식에서 나온 목회 방법이다. 이런 식의 성장 전략이 무조건 잘못된 것이라고 할 수는 없지만, 그런 방법을 선택하는 성장 중심의 목회 전략이 목회의 본질을 경시하는 세속적 가치관에서 나온 것임은 부인할 수 없는 사실이다.

이렇게 외형 확장을 추구하는 목회 철학을 비판할 때마다 교회는 늘 영혼 구원이라는 자기 방어 논리를 꺼낸다. 그러나 이는 성장이 최선이라는 세속적 가치를 신학적으로 포장한 궁색한 변명에 불과하다. 한마디로 이 모든 문제의 핵심은 목회의 기본 가치와 정신에 있다. 교회 목회에서 신앙 공동체가 무엇인지에 대한 개념이 아예 사라져버린 것이다. 21세기 자본주의 사회에서는 교회의 공동체성을 유지하기가 점점 더 어려워지고 있다. 사실 한국 개신교 130년 역사에서 신앙 공동체의 모델이 확실히 존재했거나 제시된 적도 거의 없다. 그러다 보니점점 더 개인주의에 토대를 둔 목회를 할 수밖에 없다.

따라서 153 교회는 마케팅적 사고에 물든 목회 철학에 도전하며 교회가 성장하면 공동체성을 지키기 위해 분리한다는 가치 중심의 목회를 제안한다. 동시에 교회 공동체의 본질을 갖추고 원리를 지켜나가는목회 모델을 제시한다. 교회 연합은 바로 이런 공동체성을 유지하려는목회 철학을 위해 교회를 분리할 수 있다는 정신이 있을 때 비로소 가능하다.

연합, 21세기 신앙 공동체의 위대한 가치

이 책은 153 공동체의 의미와 가치를 강조한다. 영적 교제와 삶의나눔이라는 차원에서 볼 때 153 공동체가 가장 건강한 교회라고 주장한다. 그렇다고 해서 교회가 150명까지만 성장해야 한다고 주장하는것은 결코 아니다. 앞에서도 언급했듯이 153 교회는 계속해서 성장할수 있으며, 153 공동체의 역동성이 유지된다는 전제 하에서 그 숫자는대략 1,800명 혹은 1,800가정 정도가 될 것이다. 물론 되도록 작은 교회를 추구하고 성장 중심의 목회를 하지 않는 것이 153 교회의 중요한가치인 것은 사실이다. 한국 교회의 80퍼센트가 100여 명 내외라는사실을 고려할 때 그 작은 교회들이 행복하고 건강한 교회가 되는 것이 한국 교회를 살리는 길이라고 생각하기 때문이다.

그러나 153 공동체의 목회 철학에 따라 작은 교회를 지향하더라도우리 안에는 여전히 성장에 대한 욕구가 있다. 세계 선교나 사회 전체의 차원에서 볼 때 규모가 큰 교회가 필요한 것도 사실이다. 이 점에 대해서는 명확한 방향과 구체적인 해결책이 제시되어야 한다. 나는 그 해결책이 바로 연합이라고 확신한다. 153 교회의 가치를 추구하는 교회들끼리 연합해서 규모가 큰 교회만이 할 수 있는 사역을 함께 감당하는 것이다. 153 교회를 목회하는 목회자와 성도들이 이 연합 사역을 통해서 비록 교회는 작아도 사역의 규모나 영향력 면에서 대형 교회에 뒤지지 않는 역할을 할 수 있음을 경험해야 한다. 바로 이 경험이 목회자와 성도들에게 153 교회가 가진 가치와 힘이 얼마나 의미 있는지 깨닫게 해주고 보람과 만족을 안겨줄 것이다.

하지만 교회 연합이란 보통 어려운 일이 아니다. 현재 한국 교회에서 이루어지는 연합 사역이나 연합 기관을 보면 대부분 본래 목적을 잃고 참가자들의 정치적 목적에 따라 변질되어버린 것을 알 수 있다. 그러다 보니 사역을 하는 과정에서 바람직하지 못한 모습들이 노출되고 있다. 연합에 대해서는 충분한 시간을 두고 깊은 연구가 필요하다. 내 생각에 연합은 한국 교회 갱신에 결정적인 역할을 할 중요한 신학적 이슈다. 앞으로 신학적, 목회적, 사회문화적 관점에서 다각적으로 접근해야 바람직한 연합 사역의 모델이 제시될 수 있을 것이다.

모달리티와 소달리티

2012년에 개신교 목사들이 '5퍼센트 나눔 운동'을 전담할 기구로 '교회 연합'을 결성했다. 서경석 조선족교회 목사를 위시해서 대형 교회 담임목회자들이 매달 수입의 5퍼센트를 떼어 어려운 이웃이나 청년 일자리 창출에 쓰는 운동을 추진하고자 설립한 연합 모임이다. 대형 교회 목회자들이 참여한다는 점에서 바람직한 일이며 한국 교회 전체에 미치는 영향력도 있을 것으로 생각한다.

연합이 사회를 바꾸고 영향력 있는 운동이 되기 위해서는 결국 많은 사람이 참여해야 한다. 많은 사람의 참여를 유도하는 데는 사람들에게 존경을 받거나 영향력이 있는 인물을 참여시키는 것이 효과적이다. 그래서 대부분의 연합 사역은 유명하고 영향력 있고 존경받는 사람들을 먼저 모아서 조직을 만들고 많은 사람들에게 그 사실을 알린다. 한때 한국 교회에서는 연합 사역을 할 때마다 한경직 목사를 고문이나 대표로 내세웠다. 많은 사람에게 신뢰를 얻을 수 있고 참여를 독려하는 데 도움이 되었기 때문이다.

그러나 이런 식의 연합을 바람직한 연합 사역의 모델로 삼기에는 치명적인 약점이 있다. 자신의 이름을 내려는 사람들이 한 자리 차지할 요량으로 연합 사역에 동참하는 것이기 때문이다. 그래서 연합을 추진하는 사람들은 그런 사람들을 참여시키기 위해 역으로 자리를 만들어 주기도 한다. 이름을 내려는 사람과 이름을 이용하려는 사람들의 이해관계가 맞아떨어지는 것이다. 그러다 보니 때로는 자리다툼의 결과로 연합 조직이 구성되고, 결국 많은 사람이 건전하게 참여하는 운동이 되기보다는 정치적인 기구로 전락하고 만다. 이런 문제를 극복하려면 연합 사역의 핵심을 조직 중심이 아니라 인간관계 중심의 구조로 이해해야 한다.

랄프 윈터Ralph Winter는 《교회의 이중구조*The Two Structures of God's Redemptive Mission*》라는 소책자에서 교회가 모달리티modality와 소달리티sodality의 구조로 이루어져 있다고 보았다. 모달리티는 교회를 구성하는 형식적 틀로서 보편 교회의 교구 구조를 가리킨다. 소달리티는 개인의 선택과 결단을 통하여 더 긴밀한 조직체로 운영되는 헌신 구조다. 교회의 연합은 소달리티 구조로 이루어져야 한다. 한국 교회의 현실에서 요원한 이야기처럼 들리지만 153 교회의 목회 철학을 가진 교회들끼리는 충분히 시도해볼 만하다.

소달리티 구조로 움직이는 대표 조직 중 하나는 예수전도단이다. 예수전도단은 공동체 재정을 운용하거나 공식 사역을 결정할 때 하나님의 음성을 듣고 의사를 결정하는 체계를 가지고 있다. 하나님의 말씀과 공동체 구성원에 대한 헌신과 섬김의 정신을 구현하고 있는 것이다. 153 교회도 공동체 안에서 서로 알아가고 영적 훈련을 하고 그 가운데 자연스럽게 지도자가 세워진다는 점에서 소달리티 구조를 추구한다. 즉 소달리티 구조가 기본 토대가 되고 그 위에 모달리티 구조가 세워지는 것이다.

연합 활동이 소달리티 구조로 이루어지기 어렵다고 해서 연합을 명목으로 모달리티 구조의 연합을 추진한다면 차라리 하지 않는 편이 낫다. 그런 연합은 인간들에 의한 인간들을 위한 모임일 뿐이다.

연합 사역의 기초: 인격적인 관계

연합 사역의 기본 토대는 인격적인 관계다. 인격적인 관계는 스스로 판단하고 행동할 수 있고 그 행동에 책임을 지는 독립된 인격체를 전제한다. 그래서 인격적인 관계는 위험하고 깨어지기 쉽다. 하지만 바로 여기에 바람직한 연합 사역의 비밀이 있다. 법적인 구속력이 없어서 느슨하고 깨어지기 쉽지만 자율적인 협력 관계다. 자율적인 협력이 제대로만 이루어진다면 건강하고 놀라운 영향력을 발휘할 수 있다. 2002년 월드컵에서 한국 축구팀이 4강 신화를 이루었을 때 온 국민이 거리에 나와 열정적으로 응원한 것과 같다. 그 응원은 스스로 신이 나서 나섰던 자율적 모임이었다.

하나님과 우리 사이의 기본 관계가 바로 이 인격적인 관계에 기초한다. 인격적 관계는 신앙의 기본이다. 하나님께서 인격적 존재이기 때문이다. 하나님께서 우리 인간을 자율적이고 독립적인 존재로 인정하셨다. 관계 단절의 위험성이 있다고 해서 우리를 로봇처럼 만들어놓지 않으셨다. 하나님을 배반하고 타락할 수 있는 위험에 늘 노출되어 있지만, 그럼에도 하나님은 우리와의 인격적 관계를 그대로 허락하시고 유지하신다.

이와 같은 인격적인 관계는 이 세상을 창조하신 순간부터 적용하신 하나님의 섭리의 핵심 원리다. 하나님은 천지를 창조하시고 보기에 좋았더라고 말씀하셨다. 그러나 인간을 창조하신 후에는 그런 말씀을 하지 않으셨다. 다만 인간을 창조하시고 생육하고 번성하며 세상을 정복하라고 말씀하시고 모든 피조물을 인간이 먹을 식물로 주신 후에는 "모든 것이 좋았더라"고 말씀하셨다. 하나님께서 하신 이 말씀은 곧 에덴동산의 온전함을 의미한다.

그런데 그 온전함 속에는 생육하고 번성하여 이 세상을 정복하라는 명령과 위임의 인격적인 관계가 전제되어 있다는 사실을 명심해야 한다. 즉 에덴동산의 온전함은 하나님의 명령을 지키지 않을 수 있는 인간의 불순종과 인간으로부터 배반을 당해 하나님이 상처를 받을 수 있는 인격적인 관계를 담고 있다. 하나님은 우리 인간을 컴퓨터에 의해 작동하는 로봇으로 만들지 않으셨다. 바로 여기에 하나님과 우리의 관계의 아름다움이 있다. 우리의 감동과 헌신도 바로 이런 인격적인 관계에 바탕을 두고 있다.

연합의 핵심 동력 역시 감동과 헌신이다. 말했듯이 감동과 헌신은 인격적인 관계에서만 가능하다. 인격적 관계에 바탕을 둔 연합 사역이 하나님나라를 향한 감동과 헌신을 통해 이루어져야 한다. 그런데 미성숙한 우리들은 자신의 이익을 먼저 계산한다. 그러다 보니 나의 손익과 의무, 타인의 손익과 의무를 철저하게 따지고 계산하는 태도로 관계에 임한다. 이런 태도는 연합하는 교회들 사이에 어김없이 갈등을 일으킨다.

따라서 성숙한 연합을 위해서는 나의 이익을 뒤로 하고 하나님의 유익을 먼저 찾는 감동이 있어야 한다. 연합의 목적이 하나님을 위한 것이고 그 내용이 감동적이라면 시간과 물질을 다 드려 헌신하면 된다. 사실 연합은 서로 다른 여러 교회가 모여서 힘을 합치는 것이다. 다른 점이 많지만 하나님의 영광이라는 공통의 목적을 위해 헌신하는 것이다. 물론 서로 다르기에 방법과 수단에서 차이가 있을 수 있다. 그 차이를 지혜롭게 조율할 때 다양성이 나타나고 창의성이 구현된다. 연합을 통한 시너지 효과가 나타나는 것이다.

연합 모델 비교: 페이스 아카데미와 온누리교회

그럼 이제 한국 교회 안에서 연합의 형태를 띤 사례를 찾아 그 의미를 살펴보자. 대형 교회 중에는 제2, 제3의 예배당을 세워 규모를 확장하는 교회가 꽤 있다. 여의도 순복음교회를 비롯해서 온누리교회와 몇 몇 대형 교회가 지교회를 세워 일인 담임목사 체제로 관리한다. 온누리 교회의 경우에는 고故 하용조 목사의 탁월한 리더십을 바탕으로 20세기 세계화의 핵심 코드인 문화 변화를 발 빠르게 수용하면서 성장했다. 목회 방법론에서 큐티와 일대일 제자양육 프로그램을 교회 성장의 DNA로 정착시켰다. 열린 찬양예배, 선교를 향한 열정, 두란노를 통한 기독교 출판 문화 확장, CGN TV 등 수많은 사역을 통해 한국 교회의 수준을 한 단계 끌어올렸다.

온누리교회는 1990년 초부터 협력 사역의 개념으로 자기들이 개발한 좋은 프로그램을 지역 교회에 나누어주는 사역을 시작했다. 한국 교회 전체의 성장과 성숙을 바라는 좋은 의도에서 시작한 사역이다. 건강한 교회를 세우기 위해 좋은 목회 프로그램을 소개하고 정착시키기 위해 헌신적인 사역자들까지 지원해주는 획기적인 사역이었다.

그러나 그 결과가 원래 의도처럼 바람직했던 것만은 아니다. 오히려 예상치 못했던 역효과가 나타났다. 온누리교회 프로그램을 경험한 사람들은 온누리교회의 모든 것을 원했고 결국 자기 지역에 온누리교회를 개척해주길 바랐다. 바로 이런 과정을 통해 각 지역에 온누리 지교회를 세우게 되었다. 더 큰 문제는 그 지역에 있던 다른 교회들이 여기에 타격을 받게 된 데 있다.

한국뿐 아니라 세계 각 지역에 세워진 온누리 비전교회는 부목사들이 담당목사가 되어 2-3년씩 돌아가면서 목회를 담당하고 행정 부문의 중요한 결정은 서빙고 온누리교회에서 담당한다. 이런 체제는 온누리교회의 정신과 프로그램을 그대로 정착시키고 발전시키는 데 아주 중요한 역할을 한다. 온누리교회는 이 과정을 통해 교회가 확장되는 실제적인 유익을 얻었다. 한국뿐 아니라 미국, 일본을 위시한 세계 곳곳에 온누리 비전교회를 세우게 되었고, 현재 이런 글로벌 체제는 온누리교회 목회에 상당한 시너지 효과를 발휘하고 있다.

나는 온누리교회의 목회 철학을 존중하고 이것이 나름대로 유익한 목회 모델이라고 생각한다. 온누리교회가 한국 교회 전체에 끼친 영향과 기여도는 아무리 강조해도 지나치지 않다. 하지만 세상 속에서 존재 의미를 가져야 하는 교회의 정체성, 목회의 본질, 교회의 지역성, 담임목회자의 위치와 역할, 운영체계 등을 다각적으로 고려할 때 비전교회와의 관계를 중앙에서 관리하고 통제하는 방식은 건강하지 못한 측면이 상당하다. 온누리교회의 목회를 분석하거나 평가하는 것은 이 책의 주제가 아니므로 온누리교회의 목회 체제를 더 자세히 논할 생각은 없다. 그저 연합이라는 주제를 다루기 위해 온누리교회의 비전교회 체제를 하나의 사례로 제시하려는 것뿐이다. 내가 말하고자 하는 것은 본교회와 지교회의 관계든 기존 교회들 사이의 관계든 연합은 각 교회가 독립된 교회로 존재하고 기능하는 것이 더 바람직하다는 전제에서 출발해야 한다는 점이다. 거대한 공룡 조직은 그 존재 자체가 교회의 본질을 담기에 부적절하기 때문이다.

2010년부터 공개적으로 불거진 한기총 사태를 보면 개신교 연합 사역의 수준이 어떠한지 알 수 있다. 한국 개신교를 대표하는 모임에 참여하는 대부분의 사람들이 개인이나 교단의 명분과 이익을 추구하는 수준에서 벗어나지 못하고 있다. 설사 그 모임에서 누군가 좋은 의도와 대안을 제시한다 해도 구성원들이 그 제안을 받아들이지 못하면 모든 것이 와해되고 만다. 이는 목회자 혹은 교회 사이에 만연되어 있는 집단이기주의와 권위주의, 명예욕 때문이다. 이를 두고 그들도 인간이기에 어쩔 수 없다고 말한다면, 그 순간 교회의 존재 의미를 찾을 수 없게 된다. 그런 점에서 한국 교회는 좋은 연합 체제와 문화를 갖추는 일에 더 관심을 기울이고 연구해야 한다.

결국 한국 교회 안에 만연한 불합리한 모습들을 극복하고 연합의 가치를 제대로 구현하려면 교회 안에서부터 연합의 정신과 가치가 담겨 있는 목회 문화를 만들어야 한다. 문화를 만들려면 가치를 공개적으로 선언해야 하며 그 가치를 하나의 운동으로 승화시켜야 한다. 연합의 가치를 선언하는 것은 곧 153 공동체의 정신을 지지하는 것이다. 성도 수가 150명을 넘어서면 새로운 공동체를 하나 더 만든다는 가치를 고수할 때 성숙하고 독립된 공동체 정신과 문화가 교회 안에 자연스럽게 자리를 잡는다.

연합 사역의 모범 사례로 소개하고 싶은 단체가 하나 있다. 필리핀에 있는 선교사 자녀 학교인 페이스 아카데미Faith Academy다. 페이스 아카데미는 40여 단체가 연합하여 운영한다. 학교에서는 교사에게 월급을 지급하지 않는다. 후원하는 40여 단체가 교사를 파송하면서 월급도 책임지고 있다. 이 체제의 핵심은 교사를 파송하는 단체가 학교 운영에 관여하지 않는다는 점이다. 학교의 기본 정신과 목적을 보고 신뢰를 바탕으로 재정 후원만 한다. 연합의 힘과 아름다움을 볼 수 있는 대목이다. 바로 여기에 인격적인 신뢰 관계가 존재한다. 후원하는 사람과 직접 사역을 하는 사람들이 서로 신뢰하는 것이다. 그런 점에서 학교를 운영하는 사람들은 전문성과 높은 도덕성을 갖춰야 한다.

이렇게 볼 때 연합 사역을 구성하는 중요한 요소가 몇 가지 있다. 첫째, 연합 사역의 목적이 분명하다. 누가 보아도 의미 있고 가치 있는 사역이 되어야 한다. 둘째, 한 교회가 홀로 할 수 없는 사역이다. 셋째, 그 단체를 운영하는 사람들이 신뢰할 만하고 헌신된 사람들이다. 사익을 챙기는 도구로 연합을 이용하지 않는다. 넷째, 운영 체제가 전문성을 갖추고 있으며 투명하다. 세상에 대한 섬김과 목적의식이 분명하다. 궁극적인 혜택이 세상 사람들에게 돌아간다는 말이다.

현재 개신교 안에는 대안학교를 운영하는 교회가 많이 있다. 어느 정도 규모가 있는 교회들이 신앙 교육의 필요성을 절감하면서 너도나도 학교를 세운다. 대안교육의 필요성에는 전적으로 동감하지만, 한 교회가 단독으로 이런 사역을 추진하는 경우에는 발전에 한계가 있다. 운영 체계상 교장과 교사가 있는데도 담임목사가 최고결정권자로서 모든 의사결정에 관여하고 영향력을 발휘한다는 점부터가 문제다. 아무리 큰 교회를 목회할 수 있는 능력이 있다 하더라도 목회자는 목회자로 남아야 한다. 목회자가 전문 분야도 아닌 일에 중요한 판단과 의사결정을 하는 것은 매우 위험하다. 따라서 대안학교를 세우더라도 교회들이 연합하여 교육 전문가를 세우고 후원하는 형태를 취하는 것이 좋다. 재정이나 운영 면에서도 여러 교회가 함께 힘을 합치는 것이 더 바람직할 것이다.

연합의 차원에서 한국 교회가 해야 할 일은 수없이 많다. 전문 상담 센터, 선교사 훈련, 대안학교 및 단체 설립, 목회 연구소 등. 현재 아가페희망교도소도 연합의 형태를 취하고는 있지만, 결국 큰 교회가 거의 혼자 맡아 하다시피 하는 것은 연합 문화가 형성되어 있지 않기 때문이다. 그래서 사역을 확장하는 면에서나 전문성과 효율성 면에서 한계가 있을 수밖에 없다.

지역별 교회 연합

개교회주의의 한계에 대해서는 앞서 지적한 바 있다. 그런데 그 한계를 넘어설 수 있는 방법이 있다. 바로 소규모 교회들의 연합 목회다. 연합 목회의 모델은 최근 한국 사회에서 시도하고 있는 소규모 상점들의 연합과 맥을 같이 한다. 최근 몇 년간 대기업들이 골목 상권까지 밀고 들어오는 것을 두고 거센 비판이 있었다. 대형마트가 재래시장을 사라지게 만들고 대기업이 막대한 자본을 투입한 프랜차이즈 빵집이 동네 빵집을 문 닫게 만들었다.

대기업의 이런 무차별 확장 전략에 대해 영세 상인들은 최근까지 비관적인 자세로 비판과 불만의 목소리만 내왔다. 그런데 얼마 전부터는 중소 상인들도 건설적인 대안을 마련하기 시작했다. 골목에 있는 작은 가게들이 다섯 개 이상 모여서 연합을 이루고 가격과 품질 면에서 경쟁력을 높이고 있는 것이다. 언론 보도에 따르면 현재 세탁소나 빵집들이 연합하여 나름대로 경쟁력을 보이고 있다. 정부에서도 이런 노력에 1억 원까지 자금을 지원하기로 했다는 반가운 소식도 들린다.

이 모델은 소규모 자본으로 대기업과 경쟁할 수 있다는 점에서 사회적으로 대단히 중요한 의미를 갖는다. 품질만 보장되면 대기업 못지않은 경쟁력을 확보할 수 있는 것이다. 많은 소규모 상점이 이런 방식으로 경쟁력을 갖춘다면, 우리 사회는 전체적으로 더 튼튼해질 것이다. 기술력과 품질 면에서 높은 수준을 유지할 수 있고 그 유익은 국민에게 돌아갈 터이니 말이다.

교회도 이 모델을 본받아 적용하는 것이 가능하다. 작은 교회들이 지역별로 함께 모여 연합을 결성함으로써 대형 교회 못지않은 목회 돌봄을 제공하는 것이다. 작은 교회의 목회 방향을 제시하면서 대형 교회와의 경쟁이라는 도식 속에서 논리를 전개하는 것이 내심 불편한 것은 사실이다. 하지만 21세기 자본주의 사회에서 교회와 성도들의 관계로 판단컨대 교회가 성도들의 필요를 채울 수 있는 능력을 갖추는 것 또한 불가피하다. 다시 말해서 교회 역시 경쟁 구도 속에 있는 것이 현실이다. 그럼에도 작은 교회들의 이런 노력을 보고 대형 교회가 도전을 받고 한국 교회 전체가 교회의 본질을 되찾길 기대한다.

하지만 목회 사역을 구체적으로 들여다볼 때 과연 작은 교회들이 성도들에게 제공하는 영적 돌봄을 연합의 형태로 준비해서 제공할 수 있느냐는 현실적인 문제가 남는다. 연합하는 교회들이 여러 면에서 서로 다르기 때문이다. 무엇보다도 목회자의 개인 역량이 다를 수 있다. 또한 교회 구성원의 성향이나 교회의 역사와 전통도 다르다. 자기 교회에 대한 소속감이 배타적인 태도로 표출되는 것도 문제가 될 수 있다. 무엇보다 연합을 통해 성도들에게 제공하는 목회에 질적인 차이가 있을 수 있다는 점이 가장 큰 문제다. 이런 차이는 결국 각 교회 성도들 사이에 불만으로 이어지기 쉽고, 그로 인해 연합에 대한 근본적인 의문이 제기될 수 있기 때문이다.

특히 개신교 목회에서 설교의 질적 차이는 치명적인 문제가 될 수 있다. 목회자에 대한 비교나 불만이 생길 수 있고 경우에 따라서는 교회의 소속을 바꾸는 불상사도 생길 수 있다. 또한 목회자의 인격적 성숙도는 목회 전반에 큰 영향을 미친다. 본질상 목회 사역은 내용보다는 사역을 감당하는 목회자의 인성이 더 중요하다. 목회자의 인격과 영성 또는 성품이 목회 사역의 질을 결정하기 때문이다.

그럼에도 연합 사역의 장애 요인들은 극복할 수 있고 좋은 결과를 기대할 수 있을 것으로 확신한다. 연합 사역에서 기대해야 할 것은 최종적으로 제공되는 목회 사역의 질이 아니기 때문이다. 오히려 연합한다는 사실만으로도 얻을 수 있는 효과가 실제로 크고 의미가 있다는 점을 강조하고 싶다. 작은 교회 몇 개가 연합해서 힘을 합치고 목회 사역을 공유한다는 사실만으로도 목회자와 성도들은 커다란 보람과 의미를 찾을 수 있다.

연합 사역은 목회 철학을 공유하고 사역의 기본 틀을 함께 정하며 궁극적인 목회의 방향을 함께 정함으로써 시작할 수 있다. 또한 설사 설교자의 능력에 차이가 있더라도 최소한 예배 형식과 설교 본문 및 제목을 동일하게 선택하는 것만으로도 충분한 효과를 기대할 수 있다. 가톨릭에서 신부들이 강론을 직접 준비하지 않고 상위 기관에서 제공한 내용을 그대로 전달해도 성도들에게 하나님의 말씀으로 전달되는 것과 같은 이치다. 설교의 역동성은 떨어질 수 있으나 성도들은 그 역동성을 넘어 여러 교회가 목회의 기본 철학과 방향을 공유한다는 사실로 인해 하나님의 말씀에 더 큰 의미를 두는 효과도 있다.

또한 연합할 수 있는 사역들을 힘을 합쳐 추진하는 것으로도 훌륭한 시너지 효과를 기대할 수 있다. 지역 교회들이 연합하여 그 지역을 섬길 때 인원이나 재정 면에서 훨씬 더 풍성하고 전문적인 차원에서 지역사회에 유익을 끼칠 수 있을 것이다.

연합 사역을 성공적으로 이루어내려면 연합이 필요하고 유익하다는 당위성을 가지고 시작하는 것이 중요하다. 연합 사역을 실제로 추진하다 보면 많은 문제가 드러날 것이다. 그러나 그런 시행착오를 거치면서 얼마든지 긍정적인 결과를 만들어낼 수 있다. 연합 사역을 하는 과정에서 긍정적인 경험을 하고 함께 기쁨을 공유할 수 있다면, 많은 장애도 극복할 수 있다고 확신한다.

6

새로운 문화의 물결을 일으키는 가장 중요한 요
소는 사람이다. 그리고 가치를 향한 삶의 헌신이
있을 때 새로운 문화를 일으키는 운동은 비로소
추진력을 얻는다. 삶을 통해 문화가 만들어지고
그 문화가 역사를 만든다.

가치와 문화,
그리고
목회

개혁은 곧 새로운 시작

종교개혁은 서구 역사의 흐름을 바꾼 결정적 사건이었다. 종교개혁 못지않게 유럽을 갈아엎은 대표적인 혁명이 있다. 프랑스 혁명과 러시아 혁명이다. 그런데 어떤 사건은 개혁이라 부르고 또 어떤 사건은 혁명이라고 부를까? 정치적으로 기성 체제를 철저하게 부인하고 폭력적 요소를 갖고 있으며 전적으로 다른 이념과 사회 질서를 구축하려는 움직임을 혁명이라고 한다. 반면에 개혁은 개혁하고자 하는 주체와 개혁의 대상이 공통분모를 갖는다.

개혁改革에서 개改는 고친다는 의미이고 혁革은 가죽을 의미하는데, '혁'이라는 글자는 두 손으로 짐승의 털을 뽑는 모양을 본떠서 만든 글자다. 문자 그대로 개혁이란 기존의 것에서 잘못된 것을 모두 뽑아내서 확연하게 다른 새로운 상태로 고친다는 의미다.

문자적으로 봤을 때 기독교 역사에서 개혁이라고 불리는 사건들을 진짜 개혁으로 볼 수 있는지 생각해보자. 주님께서 이 땅에 오셔서 공생애 3년간 사역하시면서 유대교를 질타하시고 개혁의 메시지를 던지셨지만, 유대교는 개혁되지 않았다. 또 루터로부터 촉발된 로마 가톨릭을 향한 종교개혁도 결과적으로는 로마 가톨릭을 개혁하지 못했다. 물론 유대교나 로마 가톨릭이 각각 그 영향으로 달라진 부분은 분명히 있다. 언제나 개혁은 모든 부조리를 혁파할 것처럼 처절한 외침으로 시작되지만, 기존의 질서를 완전히 전복시키기보다는 새로운 시작을 낳는다. 종교개혁은 개신교Protestant를 낳았다. 마찬가지로 주님의 오심을 통해서 유대교가 개혁된 것이 아니라 기독교가 탄생했다. 그런 점에서 항상 처절한 외침으로 시작된 개혁은 기존의 것을 새롭게 바꾸기보다는 새로운 시작을 낳았다.

한국 교회의 실상을 보면 개혁이라는 말이 공허한 외침이 되는 것 같아 개혁의 의미를 되돌아보지 않을 수 없다. 2010년 한기총 사태가 심각하게 확산되면서 한쪽에서는 한기총을 탈퇴해야 한다는 목소리가 있는 반면에 다른 한쪽에서는 탈퇴하기보다는 계속 남아서 한기총을 개혁해야 한다는 목소리가 있었다. 주로 기성세대나 보수적인 사람들이 그래도 남아야 한다는 입장이었다. 그러나 젊은 사람들은 개혁은 불가능하니 아예 탈퇴하자고 외친다. 실제로 한기총을 탈퇴한 교회들이 모여 한국교회연합이라는 단체가 새롭게 탄생했다.

역사적으로 개혁의 외침이 들려오면 새로운 것이 탄생하면서 분위기가 쇄신되었다. 기존의 것이 바뀌어 개혁되기보다는 새로운 것이 낡은 것을 대체하면서 개혁이 이루어졌다. 다만 새로 탄생한 것이 정말 새로운 것인지 아니면 힘겨루기와 갈등이 남긴 부스러기에 불과한지 분별하는 작업이 중요하다. 기존의 질서와 맞붙다가 힘의 논리에 밀려 이뤄낸 결과라면 그리 새롭지도 않을 것이다. 기득권 싸움의 연장일 뿐이다. 참으로 새로운 것은 하나님과 사람에게 순수함으로 호소한다. 그리고 하나님과 사람의 마음을 얻어낸다. 실제로 기득권 다툼을 하면서 입으로는 개혁을 외치는 건 아닌지 성찰해볼 일이다.

이제는 한국 교회가 개혁을 외치기보다는 새로운 대안을 제시할 때다. 주님도 마지막 때까지 가라지를 뽑아버리지 말고 그냥 두라고 말씀하셨다. 부조리를 혁파하라는 외침은 한국 교회에는 공허한 부르짖음이다. 이제는 한국 교회에 구체적인 대안을 제시하고 실행할 세력이 필요하다.

새로운 가치관에서 새로운 문화가 나온다

한국 교회의 성장이 어디까지가 기독교적이고 어디부터가 세속적인 것인지 판단하기는 쉽지 않다. 자기실현과 성공을 추구하는 건 무조건 세속적인 거라고 정죄하는 것도 논란의 여지가 있다. 한국 교회가 어떤 가치를 추구하며 여기까지 달려왔는지 평가할 때 평면적인 자세로는 정확히 진단할 수도 없을뿐더러 앞으로 한국 교회가 어떤 가치를 추구해야 하는지 판단하기도 애매할 것이다.

가치관은 우리의 행동과 선택의 동기를 제공한다. 그리고 궁극적으로 추구하는 목표를 반영한다. 한마디로 가치관은 우리 삶의 모습과 여정을 결정한다. 그렇다면 한국 교회 성도들은 어떤 모습으로 살고 있으며 어떤 여정을 걸어왔고 걸어갈 것인가? 만약 지금 한국 교회 성도 대부분이 그리스도인으로서 거룩하고 구별된 삶을 살고 있지 않다면 여태껏 잘못된 가치관을 따라 살았다는 얘기다.

가치관이 올바르지 못하면 무엇을 하든 동기가 어긋났기에 온갖 수단과 방법을 동원해서 결과를 얻는다 해도 의미가 없다. 교회에서 성경 공부나 영성 훈련에 부지런히 참여해도 이것을 자신의 가치관을 점검하고 성경적 가치관을 내면화하는 기회로 삼지 않으면 아무리 질 좋은 프로그램도 자기실현의 수단으로 전락하고 만다. 성경 공부나 영성 훈련은 세속적 가치관을 성경적인 관점에서 살펴보고 자신의 잘못된 가치관을 새롭게 하는 과정이다. 세속적 가치관을 포기하지 않는데 성경적 가치관을 배운들 무슨 소용이 있겠는가. 다양한 지적 욕구 중에 성경과 관련된 지적 욕구를 채우는 것에 그치고 만다. 그럼에도 교회들은 각종 신앙 훈련 프로그램을 뷔페식으로 차려놓고 성도들의 세속적 가치관을 고착화시키고 있다.

윌로우크릭 교회가 자체적으로 자신들이 개발하고 사용해온 사역 내용을 솔직하게 평가한 보고서를 내놓았다. 이 보고서에는 주목할 만한 조사 결과가 나온다. 엄청난 재원과 인원을 투자해 교인들의 신앙 성숙을 위한 프로그램을 개발하고 실행했건만, 전통적으로 예배를 드리고 말씀을 읽고 기도하는 것을 강조했을 때와 결과 면에서 큰 차이가 없었다. 교회가 온갖 현란한 프로그램을 돌리면서 성도들이 근거 없는 우월감에 빠져 신앙적인 겉멋에 취해 살도록 부추긴 건 아닌지 돌아볼 일이다.

신앙 교육을 통해 신앙 지식이 향상되고 신앙 양태가 조금 세련되고 그리스도인으로서 자존감도 높아지고 교양도 좀 갖춘 성도들은 늘어난 듯하다. 하지만 말씀 앞에 자신을 솔직하게 내려놓는 성숙한 그리스도인, 하나님 앞에 항상 두렵고 떨리는 마음으로 서는 겸손한 신앙인, 핍박과 고난이 와도 예수님이 가신 길을 따르는 제자, 성령의 도우심을 매 순간 의지하는 신자는 찾아보기 어렵다.

하나님을 신앙적 가치의 핵심에 모시지 않고 자기실현을 위한 수단으로 여기는 가치관은 가정에서도 뚜렷하게 나타난다. 부모가 부모라는 이유만으로 존경받던 시대는 지나갔다. 후기현대주의 시대에는 똑똑하고 정보력이 있고 무엇보다 경제력이 있는 부모라야 그나마 인정을 받는다. 사회 구조상 부모의 능력이 자녀의 미래를 결정하는 지금, 자식을 사람답게 키우려고 가르치고 타이르는 부모는 시대에 뒤떨어진 꼰대 취급을 받는다. 우선 성공시키고 보자는 식이다. 자식의 성품과 인격은 나중 문제가 되었다. 주님이 제자들과 어떻게 시간을 보냈는지 생각해보라. 주님은 세련된 교육 과정을 가지고 제자들을 가르치신 적이 없다. 함께 살면서 격식 없이 인격적인 관계를 맺으며 일상 속에서 자연스럽게 교육하셨다.

우리는 자기실현을 추구하는 가치관에 스며든 세속적인 요소를 예민하게 구별해내야 한다. 예수님이 자기실현을 위해 사셨다면, 과연 저 시골 동네 갈릴리에서 창기나 세리 들과 먹고 마시며 함께 어울리셨을까? 주님은 기성 사회로부터 천대와 조롱을 받으셨고 나중에는 배반과 고통을 당하셨다. 자기실현이 아니라 자기파괴를 추구한 생애였다. 주님은 그렇게 자신을 비우고 파괴하는 삶으로 이 세상을 바꾸고자 하셨다. 한국 교회를 성장시켰다는 획기적인 프로그램들이 자기를 실현하는 수단에 불과한 것은 아니었는지 성찰해볼 이유가 여기에 있다.

새로운 문화를 만드는 사람들

새로운 것을 만드는 개혁은 말처럼 쉽지 않다. 일단 시작부터 엄두가 안 나고 시작하더라도 엄청난 반대를 무릅쓰고 가야 하는데, 이것은 죽을 만큼 고통스럽다. 이런 고되고 외로운 여정을 함께할 만큼 헌신된 사람이 얼마나 되겠는가. 어찌어찌해서 함께 가더라도 현실과 타협하고 싶은 유혹을 끝까지 이겨낼 사람이 얼마나 되겠는가. 비장한 각오로 일어선 개혁자들 중에 유혹을 견디지 못하고 변질된 사람이 많다. 열악한 상황을 감내하고 지루한 역사의 흐름에도 아랑곳 않고 새로운 것을 낳고 새로운 것으로 살아내야 개혁자라 할 수 있다. 이들은 끝내 새로운 문화를 만들고야 만다.

새로운 문화의 물결을 일으키는 가장 중요한 요소는 '사람man'이다. 그리고 새로운 비전과 '동기motivation'가 사람을 움직일 때 '운동movement'이 일어난다. 그러나 이 운동이 추진력을 잃어버리면 '기념물monument'로 전락하고 만다. 운동이 추진력을 얻으려면 동역자를 모아야 한다. 여기에 전략과 지혜가 필요하다. 세상의 힘을 의지하거나 정치력을 동원하면 수월하겠지만, 그만큼 무너지기도 쉽다는 점을 기억해야 한다. 가치를 향한 삶의 헌신이 있을 때 새로운 문화를 일으키는 운동은 비로소 추진력을 얻는다. 삶을 통해 문화가 만들어지고 그 문화가 역사를 만든다.

목회 혁신을 이루기 위해서는 발상의 전환이 필요하다. 방법론만 바꾸는 부분적인 개혁으로는 혁신을 이룰 수 없다. 목회 혁신은 집을 수리하면서 커튼과 장식품을 바꾸고 페인트칠을 다시 하는 수준의 변화가 아니다. 아예 집터를 새로 잡고 새로운 설계 도면으로 새로운 집을 건축하는 것이다.

목회자 대우, 목회 윤리, 부교역자의 정체성, 평신도 사역, 예배, 교육 프로그램 등 목회와 관련된 사항들을 아우르는 가치관과 문화를 면밀히 살피고 새롭게 재구성해야 한다. 이 일을 위해 지난 2,000년 교회사를 통해 실마리를 찾아보자. 과연 고대 교회에는 어떤 교육 프로 그램이 있었나? 중세 시대 교육의 목표와 동기는 무엇이었나? 종교개 혁 이후 교회 목회에서 신학의 필요성은 어느 정도 강조되었나? 계몽 주의 시대 이후 선교 훈련은 어떻게 했으며 상담이나 친교나 심방은 어떤 방식으로 했나? 이런 질문을 통해 교회가 그동안 쌓아온 전통을 총체적으로 파악해야 한다. 그리고 그 시대의 문화와 어떻게 연계했는 지를 분석해야 한다.

에도 마을의 슬로 라이프

환경보호운동가인 일본의 쓰지 신이치 교수는 《슬로 라이프》라는 책에서 성장을 향해 달음질해온 한국 교회의 가치관에 영적 쓰나미와 같은 도전을 안겨준다. 이 책은 자연을 보호하기 위해 한 사람이 어떻 게 살아야 하는가를 매우 설득력 있게 제시한다. 신이치 교수는 환경 보존의 모델이 되는 사회로 1603년부터 1876년까지 이어졌던 일본의 에도 시대를 소개한다. 에도 시대는 약 250년간 외부에서 물자를 들여 오지도 않았고 큰 분쟁을 겪지도 않았다. 이 사회의 핵심 가치는 순환 과 자발성이라는 두 단어로 요약된다. 에도 사회는 재생도 폐기물도 없는 고도로 정체된 순환형 사회였다. 태양 에너지로 필요한 전력을 모두 해결하고 의식주에 필요한 모든 물건은 식물에서 얻고 그것이 다 시 흙으로 돌아가 새로운 식물을 길러내는 '식물 순환'을 기본으로 삼 는 사회였다.

에도 사회가 현대 사회에 던져주는 핵심 가치는 '있는 것만 가지고 살라'는 것이다. 신앙에 적용하자면 가난에도 처할 줄 알고 풍부에도 처할 줄 알아 자족할 수 있는 일체의 비결을 따라 사는 것이요 항상 감사하며 사는 것이다. 에도 사회는 부를 창출하기 위해 무역하지 않았다. 이에 비해 현재 일본은 수출과 수입의 비율이 1대 8이다. 잉여 상품이 생기고 그것은 결국 쓰레기가 될 수밖에 없다.

현대인의 삶은 과잉 경제의 순환 속에서 돌아간다. 사실 에도 시대는 임금을 매개로 하지 않는 지주적 사회 활동이 기반이 되었기에 지속가능한 사회였다. 하지만 자유, 자립, 독립을 추구하는 현대생활은 어떤 면에서 '제 멋대로' 사는 삶이다. '제 멋대로'의 가치관이 엄청난 기세로 소비를 부추긴다.

현재 전 세계의 금융위기는 과잉 소비에서 비롯된 것이라고 해도 과언이 아니다. 우리나라는 가계 부채가 약 1,000조 원에 이른다. 개인이 은행으로부터, 국가가 다른 국가로부터 빚을 얻어다 수많은 상품을 개발하고 만들어서 인간의 삶을 물질적으로 윤택하게 하려고 애쓴다. 윤택한 삶을 살 수 있다는 장밋빛 유혹이 우리의 삶을 빚더미에 앉게 하고 우리 영혼을 피폐하게 한다.

에도 시대의 사회구조와 삶의 양태는 우리의 신앙에 근본적인 질문을 던진다. 우리는 아무리 채워도 채워지지 않는 터진 전대를 가진 탐욕의 화신들이다. 믿는 사람들마저도 기도 내용이 늘 복 달라는 것이다. 얼마나 더 복을 받아야 만족할까? 이미 받은 복은 헤아릴 줄 모르고 부족한 것만 재어보는 모습이 우리의 현주소다. 마치 장롱에 옷이 가득한데도 입을 옷이 없다고 쟁쟁거리는 사람들과 같다. 소비하고 처박아놓고 또 소비하고…. 우리의 영성도 소비적인 영성이라고 할 수 있다. 바로 지금 여기에서 자족하며 내적 평안을 누리는 영적 지복을 추구하지 않고 자꾸 소비하면서 부족함을 메우려는 영성, 이것은 소비적 영성이며 세속적 영성이다. 에도 시대 사람들이 우리에게 던져주는 도전을 곱씹어봐야 할 때다.

느린 목회를 지향하는 교회

경기도 양평에 있는 한 교회를 찾았다. 근린 생활 시설도 조잡하기 짝이 없는 촌구석에 있는 교회다. 담임목사는 그 교회에서 24년째 목회를 하고 있다. 처음 교회에 부임했을 때 성도가 100명이 채 될까 말까 했다고 한다. 새로 부임한 목사가 뭣 좀 해볼라치면 성도들은 꼼짝도 하지 않았다. 하지만 목사는 서두르지 않았다. 10년 동안 기다리며 교육하고 말씀으로 권면했다. 그러자 차츰 변화하는 성도들이 생겼다. 이 교회는 5년 전에 교회 예배당 옆에 땅을 구입해서 드림터라는 건물을 세웠다. 전문 음악가가 공연을 해도 궁색하지 않을 정도로 수준 높은 음향 시설을 갖춘 아름다운 건물이다. 내부 인테리어나 외관도 수려하고 세련된 느낌이 난다. 실제로 지난 수년간 꽤 수준 높은 음악회와 세미나가 열려서 지역 주민들의 문화 수준이 상당히 높아졌다고 한다. 교회가 지역사회에 공헌한 바가 많으니 이제는 양평군으로부터 수억 원의 지원까지 받는다고 한다.

시골구석에 있는 교회가 어떻게 이처럼 큰일을 할 수 있었을까? 담임목사의 목회 철학에 그 단서가 있다. 목사는 성가대원이 찬양을 외우지 않으면 성가대에 서지 못하게 했다. 그 대신 최고의 강사를 초빙해 성가대를 지도하고 훈련했다. 수화를 배우고 싶다면 전문 강사를 데려와 수화를 가르쳤다. 농산물이나 수공예품을 내다 파는 성도들을 위해 소비자 만족 세미나도 열었다. 이런 과정을 통해 성도들은 자기 분야에서 전문성을 키웠고 그러다 보니 자부심과 열정이 생겼다. 목사는 무엇을 해도 적당히 하거나 구색 갖추는 데 급급하지 않았다. 늘 최고를 지향했다. 그 결과 성도들은 열정을 바쳐 헌신했고 자부심을 느꼈다.

이 교회에는 수요예배나 금요집회가 없고 주일 예배만 있다. 그리고 매일 새벽기도회로 모인다. 목사에게서 교회 성장에 대한 강박을 찾아볼 수 없다. 현재 성도가 400명 넘게 모여 예배 공간이 부족해지자 목사는 성도들에게 다른 교회에 가서 섬기라고 권면한다.

주보는 달랑 종이 한 장이다. 예배순서도 없다. 성도들이 예배 순서에 되도록 많이 참여하고 있으며 매주 특별한 의미를 부여하며 예배를 드린다. 추수감사예배 때는 특별하게 헌금을 드린다. 헌금함에 각자 알아서 헌금을 넣고 예배당에 들어오는 것이 아니라 아무리 시간이 많이 걸려도 모든 성도가 제단 앞에 일일이 나와서 커다란 헌금함에 헌금을 드린다. 새신자 환영회도 간단히 인사를 하거나 꽃다발을 건네는 수준에서 끝나지 않는다. 충분히 시간을 할애해서 진심이 느껴지도록, 뜨거운 사랑이 전해지도록 환영한다.

이 교회의 목회를 살펴보면서 발견한 가장 큰 특징은 목회자가 목회에 대한 자부심과 자신감이 있고 누구보다 행복해한다는 점이다. 이 교회는 성장에 목말라하지 않는다. 그럼에도 교회는 충분히 성장했고 내적으로도 충만했다. 나는 이런 목회를 '느린 목회'라고 말하고 싶다.

이 교회뿐 아니라 느린 목회를 지향하는 교회들이 더러 있다. 얼마 전에는 휴전선 안에 있는 마을에 들어가 20년째 소신 있게 사역하는 목회자의 설교를 들었다. 처음 부임했을 때 10여 명의 성도로 시작했다고 한다. 20여 년이 지난 지금도 성도가 늘긴 했지만 60명 안팎이다. 그럼에도 그 교회는 개척교회 몇 군데를 지원하고 선교 헌금도 보낸다.

한때 한국 교회에도 주일학교 부흥기가 있었다. 지금은 그런 때가 있었나 싶을 정도로 주일학교 학생 수가 날로 줄어든다. 선물로 아이들을 현혹시켜 교회에 들여앉히던 시대는 지났다. 이제 한 영혼에 집중할 때다. 주님의 마음을 가지고 한 생명을 키우는 일에 몰입해야 한다. 2011년에 발표된 미국 이민교회에 관한 연구에 따르면 고등학교를 졸업하고 50퍼센트의 학생이 교회를 떠나고 대학생 때는 25퍼센트가 떠나고, 대학을 졸업하면서 15퍼센트가 떠난다고 한다. 결국 대학을 졸업하면 90퍼센트의 학생이 교회를 떠난다는 말이다. 연구 보고서는 이 현상을 '소리 없는 출애굽'이라 칭했다.

이제 교회는 어린 영혼 하나하나를 확실한 그리스도인으로 교육하고 훈련하는 사역에 관심을 두어야 한다. 출석률에 일희일비하는 목회자가 많은데, 이는 얼마나 모이냐는 문제에 절대적 가치를 두고 있다는 증거다. 지금은 큰 무리를 보고 흐뭇해할 때가 아니다. 잃어버린 한 마리 양을 찾아 나선 목자의 심정으로 아이들 한 명 한 명을 만나야 한다. 그들과 일대일로 만나 어색함을 극복하고 그들의 마음을 열도록 세심하게 관계를 형성해야 한다. 일방적인 설교로 아이들의 마음을 냉랭하게 만들지 않도록 지혜롭게 접근해야 한다. 듣는 것에 익숙하지 않은 요즘 아이들의 특성을 고려해서 먼저 관계의 물꼬를 튼 후에 그들이 들을 준비가 될 때까지 기다려주자. 이것이 곧 '느린 목회'다.

변혁의 주체가 될 소수

지난 130년의 역사 속에서 한국 교회 성도들은 여러 번 정체성의 변화를 거쳤다. 교인에서 성도로 성도에서 평신도 사역자로 바뀌었다. 한국 교회 초기에 교회는 '교인'을 필요로 했다. 교회에 나오는 사람들이 필요했다. 하나님께 감사하며 예배를 드리는 사람들이 중요했다. 복음을 듣고 교회에 나온 교인들에게 성경을 가르치고 훈련하고 교리문답을 하고 세례를 베풀어 그들에게 교인이라는 정체성을 심어주었다. 초기 한국 교회는 이들이 주축이 되었다.

교회는 성장하고 있었지만 아직도 유교나 불교 혹은 샤머니즘적 사고와 풍습을 따르는 교인들이 많았다. 성경적인 관점으로 세상 문화를 정리하고 세상에서 기독교 문화를 선도할 그리스도인이 아직 교회에 많지 않았다. 교인이 필수적으로 행해야 하는 의무에 충실하면서도 세계관이 잘 정리된 교인이 그리스도인의 모범적인 모습으로 부상했다. 그리고 이런 정체성을 가진 그리스도인을 우리는 성도라 불렀다.

많은 사람들이 성도의 정체성을 가지고 교회 생활의 기본을 잘 감당하면서 교회는 계속 성장했다. 교회가 성장함에 따라 목회 사역에 힘을 보탤 평신도 사역자가 필요해졌다. 당시 한국 교회에서 유행했던 제자훈련이 평신도 사역자를 세우는 프로그램이었다. 전문성을 갖추고 적극적으로 교회를 위해 봉사하는 평신도 사역자가 부족한 문제는 당시 교회가 시급히 풀어야 할 숙제였다. 교회가 성장하는 속도에 비해 일꾼이 부족하다는 관점에서 볼 때 제자훈련은 자연스런 귀결이었다. 물론 사회가 발전하고 사람들의 욕구가 다양해지고 교육이나 도덕 수준이 높아지면서 교회가 이들의 욕구를 만족시켜야 하는 상황에서 제자훈련이라는 프로그램이 생긴 것 또한 사실이다. 어쨌거나 여러 일꾼 양성 프로그램에 의해 성도들의 사역 범위가 매우 다양해졌다. 기껏해야 성가대나 주일학교에서 섬기는 차원을 넘어 봉사의 분야도 다양해졌고, 개인의 은사와 전문성을 활용할 수 있는 기회도 많아졌다. 이젠 단순히 성도가 아니라 '사역자'가 그리스도인의 정체성이 되었다.

한국 교회 성도들의 정체성 변화는 교회 성장의 역사에 그대로 반영되었다. 이렇듯 성도들의 정체성은 더 유능한 그리스도인으로 발전한 것 같은데, 왜 한국 교회는 갈수록 신뢰를 잃어가는 것일까? 역설적인 현상이다. 한국 사회에서 그리스도인은 세상의 빛과 소금이 아니라 세상을 혼란스럽게 하는 천덕꾸러기가 되어버린 것 같다.

21세기 한국 교회가 사회로부터 신뢰를 잃어가는 원인을 성도들의 정체성 변화에서 찾아보는 건 어떨까. 아직까지 한국 교회 성도들의 정체성은 '사역자'라는 인식이 지배적이다. 하지만 세상은 새로운 정체성을 요구하고 있다. 교회 안에서도 그리스도인의 정체성 문제를 고민해봐야 한다.

그리스도인의 정체성: 시민

나는 한국 그리스도인에게 '시민'이라는 새로운 정체성을 부여하고 싶다. 기독교의 신앙적 가치를 내면화하고 그 가치를 삶으로 실천하는 생활인을 '시민'이라 할 수 있다. 지금까지 성도들은 교회와 가정에서의 삶을 일치시키지 못했다. 교회에서는 장로나 권사의 직분을 가지고 존경을 받으며 열심히 봉사하지만, 집에서는 성경적인 부모나 자녀로서 제 역할을 하지 못했다.

직장에서도 마찬가지다. 신우회 활동이나 식사기도 정도로 그리스도인의 정체성을 겨우 드러낼 뿐 그 외의 시간은 세상 사람들과 똑같이 생활했다. 그리스도인인데도 일상에서 거룩함이 묻어나지 않는 것이 한국 기독교의 가장 큰 문제다. 신앙과 삶의 분리는 한국 교회가 하루 속히 풀어야 할 숙제다.

일상에서 그리스도인으로 살기가 어렵다는 것은 세상에서 그리스도인의 문화가 형성되지 않았다는 뜻이다. 그리고 세상이 아직 보편적인 기독교 문화를 받아들이지 않았다는 뜻이다. 아직도 세상과 배타적인 관계를 고수하는 교회가 많다. 그래서 세상도 그리스도인이 식사기도를 하고 술자리에서 술과 담배를 고사하고 제사를 지내지 않고 주일에 놀러가지 않는 것을 불편해한다. 이러다가 세상은 교회를 천덕꾸러기 취급하고 믿는 사람들은 교회 안에서만 어울려 사는 분리 현상이 굳어지지 않을까 염려스럽다.

세상과 교회의 분리가 점점 심해지는 이 시대에 성도들은 스스로 좀 더 높은 차원의 도덕과 윤리 기준을 가지고 살아가야 한다. 기독교인들이 생활인으로서 살아간다는 것은 자신의 직업이나 학문, 그밖의 전문 분야에서 기독교 세계관과 가치를 적극적으로 적용하는 것을 의미한다. 기독교 지식인들 사이에 신앙과 학문을 일치시키려는 기독교 학문 연구회라든가 기독교 대학 설립 동호회 활동은 그 좋은 예다. 아직은 그런 시도를 하는 사람들이 소수이지만, 앞으로는 경제, 정치, 예술, 스포츠, 종교 등 모든 분야에서 기독교 가치관을 비기독교 가치관과 동등한 위치에 놓고 변증할 수 있는 실력을 갖춰야 한다.

신학자나 목회자들은 그리스도인들이 이 세상에서 건강하고 성숙한 시민으로 살아갈 수 있도록 지도하고 안내하기 위해 심층적인 신학 연구를 진행하고 이런 신학을 바탕으로 목회를 해야 한다. 교회에서 열심을 내는 훌륭한 성도나 사역자를 넘어 이제는 자신의 삶의 현장에서 그리스도인답게 살도록 도와야 한다. 삶과 신앙이 분리된 그리스도인을 보고 세상이 교회를 외면하는 걸 가지고 핍박당한다고 투덜대는 수준을 벗어나자. 이제는 그리스도인 시민으로서 이 세상에서 올바르게 사는 것 자체로 세상을 정죄할 수 있는 수준까지 올라서야 한다. 이런 고난이 교회를 살아 있게 하고 부흥하게 할 것이다. 이는 기독교 역사가 증언하는 바다.

느림의 영성을 회복하라

1960년대 중반부터 1990년대 중반까지 한국 사회에서 기독교인이 약 800만이나 증가했다. 단기간에 이룩한 대단한 성과다. 강력한 리더십이 이끄는 대로 앞만 보고 달려온 결과다. 아직도 한국 교회는 이 질주를 멈추려 하지 않는다. 정작 한 사람을 신자로 세우는 지루하지만 중요한 작업은 뒤로 제쳐둔 채 말이다.

가정을 생각해보자. 한 가정에 새 생명이 태어났다. 이 아이가 몸과 마음이 자라서 온전한 인격을 갖추기까지 가정은 어떤 일을 하는가? 몸을 키우자고 모유 한 모금 겨우 소화시키는 신생아에게 고기를 먹이지는 않는다. 우는 것 말고는 달리 자기 의사를 표현하지 못하는 아이에게 우는 이유를 설명하라고 다그치지 않는다. 태어나자마자 왜 대소변도 못 가리느냐고 책망하지 않는다. 자식을 키울 때는 어느 것 하나

서둘러선 안 된다. 생명과 인격은 속성으로 자라는 법이 없다.

한국 교회는 단시일에 엄청난 업적을 이뤘다. 천만 성도, 세계적인 교회 건물, 넘치는 재정, 세계 제일의 선교사 파송국. 모두 괄목할 만한 업적이다. 한국 사회의 급속한 산업화와 성장 물결을 타고 교회도 급성장했다. 그리고 고속 성장을 추구하는 사회 분위기는 그대로 교회에 스며들었다. 오늘날의 교회는 기다릴 줄을 모른다. 한 생명이 자라기까지 기다리다가는 다 함께 뒤쳐질 것 같아 조바심을 낸다.

한국인은 열정이 있다. 실패에도 굴하지 않는다. 목표를 향해 돌진한다. 아주 긍정적인 모습이다. 하지만 그 이면에는 인간의 탐욕과 부패성이 도사리고 있다. 부실 공사, 적당주의, 물질주의, 결과주의 등 한국 사회는 이런 부패성 때문에 오랫동안 병들어 있다. 교회의 병적 증상은 말할 것도 없다.

한국 교회는 신앙의 씨앗을 뿌리고 금방 열매 맺기를 기대한다. 이얼마나 어리석은가? 씨앗을 뿌렸으면 농부의 심정으로 때를 기다리며 가꾸고 돌보아야 한다. 자녀가 태어나면 온 가족의 관심이 그 아이에게 집중되듯이 불필요한 프로그램과 행사를 덜어내고 가벼운 몸으로 한 영혼에게 집중하자. 차분하게 나누고 섬기고 돌보면서 더욱 숙성되길 기다리자.

인터넷과 모바일을 기반으로 하는 네트워크가 촘촘해지면서 우리 생활도 정신없이 바빠졌고 정보에 대한 접근성이 높아지면서 좀 더 스마트한 생활을 하고 있는 듯하다. 하지만 우리는 본질적인 가치를 잃어버렸다. 실제로 우리는 시간을 두고 천천히 느끼고 생각하는 문화를 잃어버렸다. 다시 말하면 '깊이'를 잃어버린 것이다. 정보기술 사상가

이며 경영 컨설턴트인 니콜라스 카Nicholas Carr는 2011년에 열린 서울디지털포럼에서 "인터넷 그물에 걸린 우리"라는 제목으로 기조연설을 했다. 그는 사람들이 인터넷을 사용하면서 성찰하는 능력을 잃어버렸다고 지적했다.

인간의 이성을 극대화한 과학기술의 발전은 사고와 감정, 인간관계, 그리고 우리가 하는 모든 일에서 '깊이'를 앗아갔다. 이런 영향이 신앙에도 고스란히 미치고 있다. 설교, 예배, 묵상, 관계, 봉사, 공부 등 모든 영역에서 깊이가 사라지고 있다. 특히 관계에서 깊이를 상실한 것이 가장 큰 문제다. 하나님과의 관계든 인간과의 관계든 깊이가 없다. 감각적이고 형식적인 관계만 형성할 뿐 깊은 성찰과 감내하는 사랑으로 관계를 맺지 않는다. 하나님과의 관계, 이웃과의 관계가 느슨하니 신앙의 본질도 흐려지고 그것을 지키려는 의지도 희미해질 수밖에 없는 것이다.

변혁의 주체가 되어야 할 교회

주님은 2,000년 전에 세상을 구원하기 위해 이 땅에 오셨다. 열두 제자를 통해 이 땅에 교회를 세우시고 그들에게 복음 전파의 사명을 위임하셨다. 예수를 믿고 따르던 사람들이 세상을 변화시키는 주체가 된 것이다. 교회가 변혁의 주체로 남아야 거룩한 영향력을 행사할 수 있다. 하지만 교회가 자기실현을 위해 성장만을 추구한다면 교회는 존재의 의미를 상실한다.

한국 교회가 위기라고 하지만 어쩌면 지금 한국 교회는 변혁의 주체로 나서달라는 도전을 받고 있는지도 모른다. 한국 교회는 복음의 씨앗이 이 땅에 떨어진 시점부터 그 시대의 요청에 따라 시대를 변화시키는 주체로서 성실하게 대응했다. 이는 한국 교회의 영광스러운 역사의 단면이다. 그러나 언제부터인가 한국 교회는 자기실현의 굴레에 빠져 헤어 나오지 못하고 있다. 변혁의 방법에 대한 논란과 상황의 논리에 함몰되어 본질과 비본질을 분별하지 못한다. 영혼 구원이라는 본질적 사명을 위해서 일하지 않고 계속 자기 몸을 불리려고 엄청난 인력과 물질을 쏟아 붓는다.

역사적으로 변혁은 항상 소수자들의 몫이었다. 교회 역사상 교회가 주류 세력으로 존재했던 시대에는 변혁이 일어나지 않았다. 소금은 녹아 없어져야 짠 맛을 낸다. 소금이 결정 상태로 머물면 음식의 맛을 낼 수 없다. 자기실현이 아니라 자기파괴만이 개혁을 이뤄낸다. 일본의 과학자 야쿠시지 타이조 박사는 《테크노헤게모니》라는 책에서 소수자의 체제 이론을 역설한다. 한 마디로 소수자가 체제를 바꾼다는 말이다. 그는 2,000년 역사를 그런 관점에서 기술하면서 산업혁명의 주체도 프랑스에서 구교의 박해를 피해 영국으로 넘어온 개신교도, 즉 소수의 위그노였다고 지적한다.

우리는 대형 교회가 주도하는 성장 중심의 가치관에 젖어서 교회가 살아남는 방법은 대형 교회가 되는 길밖에 없다는 착각에 빠져 있다. 하지만 힘을 가진 주류 세력은 결코 역사의 흐름을 바꾸지 못한다. 기득권이 자신을 성찰하고 개혁을 부르짖는 건 엄청난 자기파괴이기 때문이다. 그들은 계속해서 기득권으로 남길 원한다. 세상이 바뀌어 자기 기득권을 빼앗길까 봐 전전긍긍한다. 그래서 변두리에 있는 자만이 개혁의 필요성을 느끼고 변화가 필요한 영역을 발견할 수 있다. 그들이 처한 삶의 자리가 개혁을 갈망할 수밖에 없는 곳인 까닭이다. 그들에게 개혁은 생존의 문제요 일생을 헌신할 비전이 되기 때문이다.

한국 교회가 한국 사회의 소수자로 남으려면 어떻게 해야 할까? 소수라는 말이 꼭 규모가 작다는 의미는 아니다. 목소리를 낮추고 대중 앞에서 과시하지 않고 겸손해지는 자세 또한 소수라는 말에 걸맞은 모습일 것이다. 자기에게 주어진 사명을 성실하게 수행하는 사람들이 소수자다.

힘의 논리는 교회를 망하게 한다. 깊은 산 속 작은 샘에서 끊임없이 맑은 물을 흘려보내는 것이 최고의 영적 능력이다. 하나님께서는 이미 한국 교회 한 구석에 맑을 물을 흘려보낼 교회를 준비해놓으셨다. 그 교회는 '나' 한 사람으로부터 시작된다.

그라민교회를 꿈꾸며

2006년 노벨평화상 수상자인 방글라데시의 경제학자 무하마드 유누스Muhammad Yunus는 1974년 가뭄이 극심했던 방글라데시의 조브라 마을에 사는 여성 42명에게 당시 미화 가치로 27달러에 해당하는 돈을 저리로 빌려주었다. 여성들은 빌린 돈으로 재료를 구입해서 바구니를 만들어 내다 팔았다. 성실하게 일한 덕분에 가족까지 부양할 수 있었고, 이들은 놀랄 정도로 짧은 기간에 원금과 이자를 다 갚았다. 유누스는 이를 통해 가난한 사람들도 경제적으로 자립할 수 있다는 희망을 보았다.

60센트가 없어서 평생 자립하지 못하고 가난에 허덕이는 방글라데시 빈민들을 보고 유누스는 그냥 지나칠 수 없었다. 42명의 여인들을 통해 가능성을 확인한 그는 빈민에게도 대출을 해주는 아이디어를 실험하기 시작한다.

유누스는 그때부터 소액 대출을 위한 은행 설립을 꿈꿨다. 금융 전문가와 정부 관료를 비롯해 모든 사람이 불가능하다고 반대했지만, 그는 뜻을 굽히지 않았다. 결국 유누스는 빈민 구제를 목적으로 은행을 설립했는데, 그 은행이 바로 그라민은행이다. 이 은행이 설립 이후 현재까지 대출해준 자금이 무려 미화 60억 달러에 달하며 대출 금액의 97퍼센트가 상환되었다. 1995년 이후 이 은행은 기부금을 더 이상 받지 않는 자립 은행이 되었다. 더 놀라운 사실은 현재 은행 보유 자금이 대출액의 154퍼센트에 달한다는 점이다. 일반 은행의 보유 자금 비율이 대출금의 3-4퍼센트에 불과하다고 하니, 입이 딱 벌어질 정도다. 뿐만 아니라 그동안 그라민은행에서 대출을 받아 5년 이상 거래한 사람들의 64퍼센트가 자립에 성공했다. 노벨경제학상을 받고도 남을 만한 공로다.

갑자기 그라민은행 이야기가 나와 의아해하는 독자도 있을 것이다. 그저 그라민은행이 가난한 사람들에게 도움이 되었다는 사실 때문에 이 이야기를 소개하는 것은 아니다. 그라민은행의 성공이 21세기 자본주의 사회에 던지는 의미와 가치가 중요하기 때문이다. 더 나아가 자본주의 사회에 발 딛고 서 있는 교회에 던지는 신학적·목회적 의미가 특별한 까닭이다.

그라민은행 성공이 주는 의미

레베카 코스타는 《지금, 경계선에서 *The Watchman's Rattle*》라는 책에서 그라민은행의 성공이 갖는 변혁적 의미를 네 가지로 설명한다. 첫째, 빈민에게 무담보 대출을 해주어도 상환이 가능하다는 신뢰를 전제했다. 둘째, 자본주의 사회에서 경제 행위에 대해 개인에게 책임을 부과하는 원칙을 무시하고 집단에 책임을 부과했다. 셋째, 가난한 사람들은 대출 상환 능력이 떨어진다는 사회의 편견을 뒤집었다. 넷째, 지역 주민의 유익이 곧 금융기관의 이익이라고 생각했다.

그라민은행의 성공은 신학적으로도 엄청난 의미가 있다. 첫째, 가난한 사람들도 대출금을 성실하게 상환한다는 사실을 확인한 것은 사람에 대한 신뢰가 있었기에 나온 결과다. 보통 금융기관이 내거는 대출조건을 살펴보면 가난한 자들에 대한 무조건적인 불신이 전제되어 있다. 돈이 많아서 은행 거래가 많은 사람에게는 대출 이자가 낮고 담보할 재산이 없어 돈을 빌려보지 못한 사람에게는 대출 이자가 높은 것이 자본주의 사회의 현실이다. 자본주의 사회에서는 사람 됨됨이가 아니라 가진 재산으로 신용을 평가한다. 돈이 없으면 돈을 갚을 도덕적 능력까지 떨어진다고 생각한다. 유누스 역시 자본주의의 냉혹한 현실을 직접 경험했다. 그는 가난한 사람들을 위한 은행을 세우기 위해 수백 건에 이르는 소액대출 상환 성공 사례를 들고 여러 투자자를 만났다. 그러나 10년 동안 은행을 세우는 데 필요한 자금을 단 한 푼도 투자받지 못했다.

둘째, 개인이 아니라 집단에게 상환 책임을 물었다는 것도 경제계의 상식을 깨는 시도였다. 그라민은행은 채무자 다섯 명을 연대해 대출 책임을 나눠서 지게 하는 방식을 택했다. 이 때문에 그라민은행 대출자들은 그룹 내 다른 회원들이 사업에 성공해 빌린 돈을 갚을 수 있도록 최선을 다해 도왔다. 자본주의는 돈에 관한 한 모든 책임을 개인에게 돌린다. 그래야 변제 책임 및 이행이 확실하기 때문이다. 이 책임을 집단에게 돌리면 책임이 분산되고 책임 소재도 불분명해진다. 따라서 공동 책임을 지게 했던 그라민은행의 대출 제도는 자본주의 경제관으로 보면 가당치도 않은 일이다. 사실 개인 책임의 논리는 철저하게 대출해준 사람의 손해를 예방하기 위해 만든 제도다. 집단이 주는 효과를 긍정적으로 고려하기보다는 돈을 가진 사람의 손해를 예방할 수 있는지를 우선 고려한 것이다.

셋째, 가난한 사람들의 대출 상환 실적이 떨어진다는 생각도 사실에 근거한 관점이 아니라 선입관이고 편견일 뿐이다. 현재 은행의 대출 제도를 보면 가난한 사람은 대출 기회도 적고 대출 이자도 높다. 신용 등급이 형편없기 때문이다. 하지만 사실은 신용이 없는 것이 아니라 기초 자금이나 담보로 제공할 부동산이 없는 것이 더 실제적인 이유다. 대출 자격부터 미달인 셈이다. 거기에다 가난한 사람들은 교육도 받지 못했고 도덕 수준이 떨어지기 때문에 무책임하고 게으르다는 편견까지 더해져 가난을 구제할 길을 아예 차단해버린다. 그라민은행은 이런 차별적인 제도와 편견을 완벽하게 극복했다.

넷째, 금융기관의 목표와 지역사회의 목표는 별개라는 세상의 왜곡된 상식에 도전했다. 그라민은행은 지역사회 주민이 잘 되면 금융기관도 잘 될 것으로 믿었다. 모두가 한 공동체라는 관점으로 지역사회를 바라본 것이다. 제도도 사람을 위해 있다는 철학을 고수했다.

유누스의 그라민은행은 자본주의의 상식과 원리를 거부하고 뛰어넘은 제도다. 가난한 사람을 천대하고 그들에게 기회조차 주지 않는 자본주의 제도의 모순을 극복했다. 가진 자들의 권리를 보호한다는 이기적 발상에 근거한 자본주의 경제 원리를 보기 좋게 물리친 것이다. 그라민은행은 돈이 아니라 사람을 우선하는 가치를 지키면서 자본주의 경제 원리를 부끄럽게 만들었다.

그라민은행은 기존의 사회 인식과 자본주의 세계관에 맞서 자기 소신을 당당하게 구현했다. 이 세상에 자기 소신이 확실한 사람은 많다. 하지만 대부분은 자기 안에 머무는 고집으로 끝난다. 유누스는 자기 소신을 공동체를 위한 가치로 승화시키고 현실로 구현해냈다. 그럴싸한 구호를 외치는 사람은 많다. 하지만 구호를 실현하기 위해 용감하게 발걸음을 내딛는 사람은 찾기 어렵다. 확신은 행동으로 옮길 때만 생명력을 발휘한다.

오래도록 자본주의가 지배해온 인류 사회는 21세기를 맞이하면서 막대한 자본을 가지고 금융을 쥐락펴락하는 금융 전문가들이 지구 전체의 부를 소유하는 상황에 이르렀다. 우리는 금융 자본주의라는 거대한 괴물을 만든 장본인이면서도 정작 이 괴물을 통제하지 못하고 있다. 그라민은행은 이 괴물 앞에 선 다윗이다. 금융 자본주의를 지배하는 원리들을 과감하게 거부하고 '사람을 중시하는 가치관'이라는 물맷돌을 괴물을 향해 힘껏 던졌다. 나는 한국 교회 안에서 제2, 제3의 그라민은행이 등장하기를 고대한다.

교회 안에 팽배한 잘못된 신화

교회 공동체의 신앙 본질을 저해하는 자본주의 가치들이 현재 한국 교회의 문화 속에 깊이 침투해 있다. 한국 교회는 지금껏 성장, 축복, 성공, 풍요를 지향하며 달려왔다. 우리가 지향했던 가치는 자본주의의 물질적 가치와 매우 닮았다. 우리는 그라민은행의 사례를 통해 금융 자본주의라는 거대 괴물에게 지배받지 않을 수 있다는 희망을 보았다. 아무리 자본주의의 가치가 한국 교회를 장악했다고 하지만 아직 희망은 있다. 이제 그라민은행을 통해 한국 교회가 회복해야 할 가치와 나아갈 방향을 점검해보고 새로운 교회의 모습을 그려보자.

한국 교회에는 자본주의적 가치를 중심으로 형성된 신화가 버젓이 나돌고 있다. 진리에 사로잡혀야 할 교회가 잘못된 신화에 휘둘리고 있는 것이다.

첫 번째 신화, 교회는 클수록 좋고 계속해서 성장해야 한다. 이 신화는 교회 지도자들로 하여금 더 큰 예배당을 짓게 만든다. 그들은 큰 건물만 있으면 교회가 더 성장할 수 있다고 믿는다. 서울의 한 대형 교회가 3,000억 원 이상을 들여 성전을 지었다. 아직도 성장주의 목회에 사로잡혀 있는 형국이다. 하나님이 그 건축을 과연 기뻐하실까? 성경은 뭐라고 말할까? 고민하지 않을 수 없다.

두 번째 신화, 요즘 교인들은 교회를 위해 옛날처럼 헌신하지 않는다. 맞는 말이기도 하고 틀린 말이기도 하다. 열일 제쳐두고 교회를 위해 봉사하거나 집을 팔아서라도 교회를 위해 물질을 드리는 교인은 요즘 세상에 거의 없다. 이런 의미에서는 헌신하는 성도가 없다고 해도 과언은 아니다. 하루아침에 수백 개의 개척교회가 문을 닫는 게 현실이다. 개척교회에는 성도들의 특별한 헌신이 필요한데, 요즘 누가 개척교회에 와서 섬기려고 하는가.

그렇다면 성도들이 예전처럼 헌신하지 않는 이유는 무엇일까? 한창 교회가 성장하던 시기와 비교할 때 지금은 여성들의 사회활동 비율이 급격히 증가했다. 그리고 당시에는 교회가 문화를 주도하던 시절이라 어디를 가도 교회보다 재미 있는 곳이 없었다.

교회 안에서도 이유를 찾을 수 있다. 요즘 교회 지도자들의 면면을 살펴보자. 성도들에게 헌신을 요구할 만큼 떳떳한가? 세상이 주지 못하는 기쁨을 교회 안에서 찾을 수 있을까? 요즘 교회 지도자들은 정치인만도 못한 도덕성을 지녔다. 시대의 흐름을 읽어낼 자질도 갖추지 못한 목회자가 허다하다. 개척교회가 문을 여는 모습을 보고 또 고만고만한 교회 하나가 생기는구나 하고 생각할 정도로 교회의 위상이 무너졌다. 그렇다 보니 성도들은 교회를 위해, 그것도 작은 교회를 위해 섬기려고 하지 않는다. 교회에서 예배드리고 봉사하고 하나님의 복을 받으며 살라는 단순한 메시지로는 성도들의 영혼에 울림을 주지 못한다. 이는 21세기에 걸맞은 영적 가치와 목회 가치를 제시하지 못하고, 성도들이 신앙생활의 의미와 보람을 찾도록 돌보지 못한 목회자의 책임이다. 나는 목회자들이 의미 있는 가치에 열정을 바치고 목소리를 높이면, 시간과 물질을 드려 헌신할 성숙한 그리스도인이 교회에 많이 있다고 믿는다.

목회자들이 개척교회를 시작하면서 성도들의 헌신을 끌어내지 못하는 이유는 근본적으로 과거의 성장 모델을 가지고 교회를 이해하는 탓이다. 역사의식이 부족하고 목회자의 정체성에 대한 인식이 구태의연한 까닭이다. 목회자들은 아직도 구약 시대 제사장의 정체성을 가지고 목회에 승부를 보려 한다. 역사인식이 정체되어 있다 보니 어느새 교회 밖 세상을 섬기는 일에는 문외한이 되어버렸다. 교회 안에서 성도들의 필요만을 다루는 기능인으로 전락한 것이다.

세 번째 신화, 설교를 잘해야 목회에 성공한다. 한국 대형 교회의 첫 번째 성장 요인을 꼽으라면 두말할 나위도 없이 목회자의 탁월한 설교를 꼽을 것이다. 설교를 통해 성경을 가르치고 하나님의 뜻을 선포하는 것이 개신교 신학의 핵심이라는 점에서 설교가 교회 성장에 결정적 영향을 미치는 건 당연한 일이다. 그래서 설교를 통해 교회가 양적으로 성장했다면, 목회도 성공했다고 말할 수 있을지 모른다.

그러나 설교가 교회 성장의 수단으로 전락해서는 안 된다. 아무리 감동적인 설교를 한다고 해도 설교는 예전禮典의 일부일 뿐이다. 신앙생활의 결론도 아니고 영성 훈련의 핵심도 아니다. 대형 교회의 예배 순서에서 설교가 수단으로 전락하고 예전이 무시되는 모습을 보면 안타깝다. 예배의 중심에 하나님이 사라지고 설교 전문가가 예배를 주도하는 모습으로 변질된 것이다. 거룩한 강단에 세속적 가치가 교묘하게 스며들어온 형국이다. 거룩함과 경건이 사라지고 관심사가 비슷한 사람들의 모임이 되어버린 격이다.

목회 사역에는 설교와 함께 다양한 사역이 있다. 부흥은 본질적으로 하나님의 은혜로 되는 것이지만 인간이 아예 손을 놓고 있으면 아무 일도 일어나지 않는다. 하나님은 주권적으로 일하시지만 인간의 마음을 주장하사 인간으로 하여금 하나님의 일을 하게 하신다. 그래서 목회 사역에서도 하나님의 은혜를 바탕으로 다양한 요소들이 종합적으로 작용하여 부흥이 이루어진다. 목회자는 다양한 요소들을 차분하고 겸손하게 살펴보면서 그중에서 자신의 목회 현장에 허락된 조건과 환경에 감사하고 성실하게 최선을 다해야 한다.

네 번째 신화. 목회는 학문적인 연구와 분석이 아니라 하나님의 은혜로 하는 것이다. 한국 교회는 목회 혹은 믿음의 내용에 대해 이성적인 판단이나 합리적인 주장을 하면 믿음이 없다고 정죄하는 경향이 있다. 일반 학문의 관점에서 믿음을 분석하고 진단하는 것은 초등학문이라고 비하거나 부인하려는 것이다. 이런 태도는 목회자의 권위나 목회 내용에 의문을 제기하고 도전하는 상황이라 판단되는 경우에 더 확연하게 나타난다. 마치 자녀가 부모에게 정곡을 찌르는 질문을 할 때 어린놈이 말대꾸한다고 윽박지르는 것과 같다.

과거 교회가 성장하는 과정에서 목회자의 권위를 손상시키는 건 결코 용납할 수 없는 일이었다. 그리고 성장만 이루어놓으면 합리적인 생각이나 제안조차 거부하고 정죄하는 것을 정당화할 수 있었다. 합리적인 지적을 받아들이지 못하고 거부하는 교회 지도자들의 태도는 두려움에서 나오는 자기 방어적 반응일 가능성이 크다. 내가 믿는 하나님이 살아 계시지 않는 것으로 증명될지도 모른다는 두려움, 하나님은 존재하지 않는다는 불신자들의 주장을 설득력 있게 반박하지 못할 수도 있다는 두려움이다. 내 믿음 자체가 모순이 되어버리면 내 존재 전부가 부인된다. 자기 존재가 부정되는 것은 받아들이기 힘든 일이다. 그래서 무의식적으로 방어적인 반응을 보이는 것이다.

하나님의 은혜를 학문적으로 혹은 객관적으로 설명하는 일이 믿음을 손상하는 것이라고 생각할 필요가 없다. 물론 신앙은 본질적으로 신비다. 모든 것이 설명될 수 있다면 이미 신앙이 아니다. 동정녀 탄생, 십자가 사건과 나의 죄 사함의 연관성, 성령의 존재 등은 과학으로 설명할 수 없지만 믿음의 세계에서는 엄연한 신학적 사실이다. 과학적인 설명이 굳이 필요 없는 신비로운 사실이다. 이 신학적 사실을 수용하는 것을 믿음의 고백이라고 한다. 따라서 신앙의 기본 진리들이 객관적으로 설명되지 않는다고 해서 반론 자체를 두려워한다면, 그것이야말로 불신의 태도라고 말할 수 있다.

하나님께서 주신 축복의 내용, 교회 생활과 관련된 하나님의 역사와 간섭 혹은 기적적인 사건의 인과관계를 설명한다고 해서 하나님의 은혜를 부정한다고 생각할 필요도 없다. 설명하는 순간 내 믿음이 무의미한 것이 되어버린다고 생각하지 않아도 된다. 하나님은 우리에게 이성을 주셨고 이성을 충분히 활용해 사고하길 원하신다. 설명이 되지 않다가 설명이 된다고 판단되면 그 수준에서 하나님을 신뢰하고 관계를 맺어 가면 된다. 그러면 한 단계 더 높은 질문과 더 깊은 영적 도전이 다가온다. 영적 도전과 성장이 없으면 신앙이 자랄 수 없다.

목회 사역에 대해 학문적으로 연구하려는 태도는 하나님을 더 알고자 하는 믿음 있는 반응이다. 어린 아이들이 성장하면서 이것저것 호기심과 질문이 많아지는 것과 같다. 결코 잘못된 것이 아니라 건강하게 성장해가고 있다는 증거다. 다만 호기심이 풀리지 않는다고 해도 하나님의 살아 계심과 섭리하심을 믿고 흔들리지 않는 태도가 정말 믿음 있는 모습일 것이다.

한국 교회가 알아야 할 것들

우리는 한국 교회 안에 팽배한 이런 신화들을 단호히 거부해야 한다. 그리고 다음과 같은 사실들을 명심해야 한다.

첫째, 교회는 생명력이 있는 한 작아도 힘이 있고 성장을 계속한다. 교회의 본질과 생명력은 크기에 있는 것이 아니다. 복음의 가치를 추구하는 삶으로 거룩한 생명력을 나타낸다. 한 생명이라도 살릴 수 있는 교회가 생명력이 있는 교회다. 목회자와 성도들은 이 세상에서 교회의 본질을 지키고 거룩한 존재양식을 통해서 거룩한 영향력을 발휘해야 한다. 그것만이 이 세상에서 교회됨의 가치를 잃지 않고 계속 성장하는 길이다. 진정한 성장은 영향력을 끼치는 것이다. 세상을 향한 영향력이 커지고 많아지면 성장한 것이다. 규모나 크기에 의한 영향력이 아니라 이 세상이 전부가 아니라는 메시지를 전달하는 거룩한 영향력이다. 그런 점에서 한 사람의 영향력이 중요하다. 교회가 규모와 크기로 세상을 압도하며 영향력을 행사하는 건 복음의 본질을 왜곡하는 것이다.

둘째, 의미와 가치를 제시하면 성도들은 헌신한다. 교회 성장기에는 교회를 부흥시키자는 구호가 먹혔을지 모른다. 하지만 요즘 성도들은 교회 성장을 목표로 제시하고 '나를 따르라'고 외쳐도 좀처럼 헌신하지 않는다. 이제 한국 교회는 성장 신화를 버리고 복음적 가치로 성도들을 일으켜 세워야 할 때다.

예나 지금이나 성도들은 복음의 가치를 위해서라면 헌신할 준비가 되어 있다. 교회는 복음의 가치를 바르게 제시해야 한다. 양적 성장은 더 이상 복음의 가치를 대변하지 못한다. 세상을 향해 낮아지고 세상을 위해 섬기고 세상과 나누는 사역을 모색하고 성도들에게 섬길 기회를 제공하라. 그러면 성도들은 기쁜 마음으로 헌신한다.

복음의 가치를 구체적으로 보여주려면 먼저 역사의식을 가져야 한다. 이 시대가 요구하는 것이 무엇인지를 살피고 그것을 복음의 가치로 재해석해서 제시해야 한다. 이제 한국 교회는 제 몸 불리는 일을 그만두고 교회 밖으로 눈을 돌려야 한다. 이 사회에 올바른 제도를 세우고 기독교 문화를 새롭게 만들어가는 것이 우리가 정복해야 할 새로운 가나안이다. 이를 위해서 성도들은 전문성을 갖추고 인격적으로 성숙해져야 할 것이다. 이런 사역이 목회의 블루 오션이다.

복음의 가치를 위한 헌신은 반드시 희생을 요구한다. 이 대목에서 목회자들은 머뭇거린다. 성도들이 희생을 싫어한다는 사실을 잘 알기 때문이다. 이제까지 예수 믿으면 복 받고 성공한다는 메시지만 선포했는데, 복음을 위한 헌신과 희생을 강조한다면 성도들은 큰 부담을 느끼고 움츠러들 것이다. 하지만 성경은 사람을 두려워하는 자는 올무에 걸린다고 말한다. 설령 성도들이 복음의 가치를 위해 헌신하는 것이 싫어 교회를 떠날지라도 목회자는 바른 가치를 제시하고 가르치기를 두려워해서는 안 된다.

셋째, 본질적인 가치를 추구하는 것이 목회에 성공하는 것이다. 물질적 축복과 성공을 기대하는 사람들의 구미에 맞춘 목회는 훨씬 쉽다. 교회 성장기에 목회자들은 소위 번영신학을 바탕으로 사역했다. 자의든 타의든 번영신학은 교회를 세속화시키는 주범이다. 교회는 쉬운 길을 거부해야 한다. 외로워도 지루해도 앞이 보이지 않아도 복음의 본질을 실현하는 목회를 추구해야 한다. 주님도 좁은 길로 가라고 말씀하시지 않았는가. 우리의 보람과 기쁨은 바로 여기에 있다. 참 성도는 거룩한 영향력을 행사하는 것을 통해서만 거룩한 기쁨을 느낄 수 있다.

넷째, 학문적인 연구와 객관적 분석을 통해서도 목회가 향상될 수 있다. 한국 교회는 순수하고 단순한 신앙으로 130년을 달려왔다. 이런 신앙 색깔은 한국 교회에 긍정적으로 작용한 면이 많다. 목회 현장에서 전문성과 깊이가 시급하게 요구되지 않은 덕분이다. 21세기에 들어 교회 환경은 많이 달라졌다. 성도들의 지적, 경제적, 문화적 수준도 놀랍게 향상되었다. 이제는 주먹구구식으로 목회해서는 영혼을 변화시키기 어려운 때다. 좀 더 이성적인 사고와 합리적인 접근이 필요하다. 이런 태도는 무조건 불신앙적이고 복음에 어긋난다고 생각하는 고집을 버려야 한다. 이 시대 교회의 현실과 목회의 실상에 대해 합리적인 의문을 제기하고 객관적인 분석을 하는 것은 불신앙이 아니다. 하나님 앞에 책임을 다하고 신앙의 양심을 지키는 행위다. 그리고 성숙한 믿음을 위한 성찰의 기회다.

21세기에 들어오면서 사회는 인문학적 사고와 접근을 요구하고 있다. 신학이 과거 기독교 역사에서 철학을 시녀 삼아 신학 활동을 했듯이 이제 21세기의 신학도 인문학적 사고와 함께 이 시대를 위해 복음을 전파하는 역할을 감당해야 한다. 복음을 효과적으로 전하기 위해 이 세상과 인간을 잘 이해해야 한다. 인문학적 사고는 인간과 사회 현상을 본질적으로 이해하는 데 반드시 필요한 도구다.

교회는 이 세상의 빛과 소금으로 존재한다. 교회는 세상과 동떨어진 수도원이 아니라 세상과의 관계를 의미 있게 받아들이는 공동체다. 지역사회를 배제하고는 교회의 성공과 발전을 이야기할 수 없다. 지역사회의 성공과 발전이 곧 교회의 성공과 발전이고 지역사회의 문제가 교회의 문제라는 인식을 가지고 목회 철학을 수립하고 목회 전략을 세워야 한다.

새로운
기독교 문화를
퍼뜨리는 153 교회

153 교회는 예수 그리스도의 복된 소식을 전하고 이 땅에 하나님의 영광을 나타내는 것을 존재의 목적으로 삼는다. 이를 위해 성도들은 복음의 가치에 헌신하고, 헌신된 삶으로 이 세상에 복음을 선포해야 한다. 세상으로부터 부름을 받아 나온 무리를 뜻하는 '에클레시아', 즉 교회는 세상과 분명하게 구별된 정체성을 갖는다. 153 교회는 이 땅에서 그 정체성을 인식하고 실현하며 살아간다. 우리의 사역이나 '행함'에 앞서 우리의 '존재'를 통해 하나님의 존재를 증명하고 복음의 가치를 실현하는 것이 153 교회가 이 땅에 존재하는 이유이자 목적이다.

이 목적을 실현하기 위하여 153 교회는 첫째, 사람을 중요하게 여긴다. 복음의 가치가 실현되는 첫 번째 대상은 사람이다. 구원받은 그리스도인이 되고 하나님의 나라를 위해 헌신하는 그리스도의 제자를 키우는 것이 교회의 사명이다. 153 교회는 한 사람의 가치를 아는 교회로 이 땅에 존재한다.

둘째, 153 교회는 관계에 초점을 맞춘다. 사람은 혼자가 아니라 관계를 통해 존재한다. 관계는 복음의 가치가 흘러가는 통로다. 관계를 통해 영향력이 행사된다. 153 교회는 관계의 성숙을 위해 사역한다. 목회자와 성도 간에, 성도와 성도 간에 인격적인 관계를 유지하기 위해 153 교회는 늘 소그룹으로 움직인다. 서로 돌보고 관심을 나누고 협력할 수 있는 구조가 소그룹이기 때문이다. 소그룹의 생명력이 153 교회의 DNA다.

셋째, 153 교회는 신앙의 공동체성을 유지한다. 공동체는 삶이며 우리의 인격이 드러나는 장이다. 그래서 공동체는 신앙적이어야 한다. 가정, 일터, 사회, 국가, 이 모두가 내가 속한 공동체다. 교회 공동체는 영적 공동체다. 영적 공동체는 개인의 합이 아니라 새로운 차원의 정체성을 갖는다.

넷째, 153 교회는 섬긴다. 공동체는 갈등을 피할 수 없다. 구성원들이 서로를 섬기지 않으면 공동체는 언제든 분열될 수 있다. 구성원들끼리 서로를 섬길 뿐 아니라 공동체 밖으로 섬김의 손길을 뻗어야 한다. 그렇지 않으면 공동체가 고인 물처럼 썩어버리기 때문이다. 이 세상에 복음을 효과적으로 전하려면 시대를 분별하는 지혜가 필요하다. 섬김은 불변하는 성경의 진리이자 이 시대의 문화 코드다. 섬김은 공동체의 호흡이다. 교회는 섬기기 위해 시대의 정서를 읽어야 한다. 시대의 필요가 무엇인지 알아야 한다. 지금은 세상도 '자본주의 4.0'을 주장하는 시대다. 가진 자들과 못 가진 자들이 함께 가야 한다는 말이다. 지금 이 시대는 예수님의 섬김의 정신이 특히 더 필요한 때다.

다섯째, 153 교회는 작다. 153 교회는 존재와 행동으로 세상에 영향력을 끼친다. 믿는 사람들끼리 모임을 갖는 것만으로도 세상은 도전을 받는다. 그러나 교회는 또한 적극적으로 세상을 향해 움직여야 한다. 구제와 선교가 바로 그런 움직임이다. 세상을 향해 끊임없이 도전하고 아이디어를 내기 위해서는 규모가 작아야 한다. 몸집이 커지는 순간 세상을 향했던 교회의 손이 교회 안으로 오그라들기 때문이다. 규모가 작아야 교회의 본질과 정체성을 유지할 수 있다.

이런 정체성을 유지하기 위해 153 교회는 다음과 같이 분리와 연합, 느린 목회를 지향한다. 첫째, 153 교회는 분리한다. 교회의 세속화를 막는 방법은 거대해지는 것이 아니라 분리하는 것이다. 공동체의 고유한 특성을 유지하기 위해 필요한 것은 규모를 통제하는 것이다. 단, 각 공동체가 자율적이고 독립적인 공동체를 이룰 때 분리가 가능하다.

둘째, 153 교회는 연합한다. 이 땅에 존재하는 것 자체로 교회는 이 세상에 도전을 줄 수 있어야 한다. 사람을 통한 도전은 한계가 있다. 제도를 만들어야 한다. 교회와 교회, 교회와 세상이 여러 형태로 연합해야 한다. 기독교 정신을 가진 NGO는 교회와 세상의 연합을 보여주는 좋은 예다. 하지만 무엇보다 교회 안에서, 그리고 교회와 교회가 먼저 연합할 수 있어야 세상과도 연합할 수 있다.

셋째, 153 교회는 느리다. 문화는 생명력이 있다. 그래서 오랜 시간과 과정이 있어야 탄생된다. 서두르면 문화는 생겨나지 않는다. 한국 교회가 폭발적으로 성장하고도 문화를 형성하지 못한 것은 서두른 탓이다. 교회 안에는 문화가 생겼지만, 이 세상이 주목할 만한 기독교 문화는 탄생하지 않았다. 문화는 인프라를 만드는 것이다. 교회는 자연스럽게 복음의 가치가 흘러가는 통로를 만들어야 한다. 사람들의 의식 가운데 그 통로가 만들어져야 한다. 그것이 바로 문화다.

얼마 전 여든이 넘으신 어떤 장로님의 이야기를 듣게 되었다. 평생 주일을 빠지지 않고 지키고, 철저하게 십일조를 드리고, 십 리가 넘는 거리를 걸어서 새벽기도를 나가는 등 이제껏 지켜온 그분의 신앙에 존경심이 절로 우러나왔다. 그런데 그 장로님은 여전히 여성들은 절대로 강단에 올라가면 안 되고, 교회에서 드럼을 치며 찬양하는 것은 사탄의 문화라고 생각하고 있었다. 그 모습을 보고 비록 신앙은 순수하고 흔들림이 없지만, 자신이 살아온 시대와 문화의 한계를 넘어서지는 못하는구나, 그로 인한 현실과의 괴리를 메꾸기란 쉽지 않구나 하는 생각이 들었다.

2040년이 되면 내 나이도 여든이 넘는다. 그때가 되면 대부분의 주류 그리스도인들은 나의 신앙과 내가 가진 기독교 문화를 어떻게 바라볼까? 아마도 사회 변화와 문화 변혁의 폭은 지금으로부터 40년 전보다 40년 후가 훨씬 더 클 것이다. 2011년에 발행된 《유엔미래보고서 *2011 State of the Future*》에서는 2040년대의 세상을 이렇게 소개했다. "그때에는 알약 한 개만 먹으면 70년을 살 수 있고… 공기로 가는 자동차가 나오고… 순간 이동도 가능해진다." 정말 별천지 같은 세상일 것 같다. 집에서 알약을 하나 먹고 공기로 가는 차를 타고 서울역에 가서 순간 이동으로 화성에 한 10년간 여행을 다녀온다고 상상해보라. 그때가 되면 기독교를 바라보는 시각과 기독교에 대한 평가는 우리의 상상을 초월할 정도로 열악할 수 있다.

이 책을 마무리하면서 갖게 되는 한 가지 의문은 과연 2040년 한국 교회가 어떤 모습을 하고 있을까 하는 것이다. 사람들은 교회를 어떻게 바라볼 것이며 한국 교회의 모습을 보고 예수 그리스도의 복음을 발견할 수 있을까? 지금 한국 사회에서 대형 교회는 공적 신뢰를 상실해가고 있다. 작은 교회는 패배감에 젖어 있고 점점 그 존재감조차 희미해지고 있다. 이대로 간다면 아마도 대형 교회는 대형 교회대로 남아서 작은 교회들은 그 명맥을 이어가기도 어렵지 않을까? 영국의 전 캔터배리 대주교 캐리 경Lord Carey은 젊은이들이 믿음으로 돌아오도록 교회가 특별한 돌파구를 마련하지 않으면 30년 후 영국에서 기독교는 사라질 것이라고 말했다.

우리는 한국 교회가 그런 위기에 직면해있다는 사실을 알아야 한다. 나는 우리가 30년 후의 한국 교회의 모습을 그리면서 시대의 흐름 속에서 기독교 문화를 정착시키는 길고 힘든 여정을 시작해야 한다고 믿는다. 153 교회가 그 문화의 핵이 되었으면 한다. 작지만 힘 있는 공동체를 추구하는 교회만이 삶으로 복음을 전하는 힘이 있을 것이라고 믿는다.

서양 속담에 이런 말이 있다. "우리를 진정 귀찮게 하는 것은 작은 것들이다. 코끼리를 피할 순 있어도 파리를 피할 순 없다. 우리를 진정 화나게 하는 것은 작은 것들이다. 산 위에 올라 앉을 수는 있어도 압정 위에 앉을 수는 없다." 사람들의 삶과 지역사회와 문화 속에서 뿌리를 내리는 작고 튼튼한 교회! 153 교회의 철학을 가진 목회자와 153 교회를 추구하는 문화가 정착된 한국 교회의 30년 후를 기대해본다.

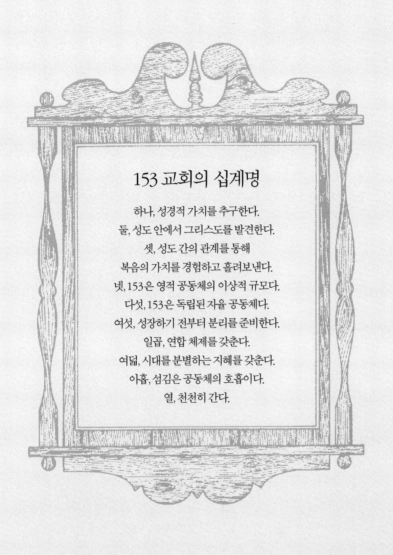

153 교회의 십계명

하나, 성경적 가치를 추구한다.
둘, 성도 안에서 그리스도를 발견한다.
셋, 성도 간의 관계를 통해
복음의 가치를 경험하고 흘려보낸다.
넷, 153은 영적 공동체의 이상적 규모다.
다섯, 153은 독립된 자율 공동체다.
여섯, 성장하기 전부터 분리를 준비한다.
일곱, 연합 체제를 갖춘다.
여덟, 시대를 분별하는 지혜를 갖춘다.
아홉, 섬김은 공동체의 호흡이다.
열, 천천히 간다.